südwest

ILONA BÜRGEL

JETZT DENK ICH WIRKLICH NUR AN MICH

HERAUSGEGEBEN VON
MARION GRILLPARZER

Inhalt

10 Vorwort der Herausgeberin
11 Einladung zum gesunden Egoismus

1.

14 Jagen Sie dem Glück nicht länger hinterher!

16 Raus aus der Optimierungsfalle, rein in den Genuss
20 Hören Sie auf mit dem Vergleichen, und schon geht es Ihnen gut
23 Warum die Entstehungsgeschichte unseres Gehirns wichtig ist
26 Verpassen Sie nicht Ihr Leben – nutzen Sie den Augenblick!
29 Keiner möchte egoistisch sein – das müssen Sie auch nicht
32 Verlernen Sie das schlechte Gewissen: Nehmen Sie sich wichtig!
34 Negatives Gedankenkreisen

2.

38 Einfach mehr Wohlbefinden – die Grundlagen

40 Was Sie aus dem „Glückshype“ lernen können
46 Geben Sie sich die „Lizenz zum Wohlbefinden“
50 Definieren Sie eine wohlwollende Beziehung zu sich selbst
55 Legen Sie Ihr persönliches Ideal fest
61 Entscheiden Sie über Ihr Leben, sonst entscheidet es über Sie!
67 Das Schmetterlingsprinzip – die Kraft guter Gefühle
72 Werden Sie der beste Manager in eigener Sache

Inhalt

3.

80 Wohlbefinden für jeden Tag – die Praxis

82 Werden Sie vom Kenner zum Macher
86 Mit neuen Denkroutinen zu nachhaltigem Wohlbefinden
95 Wünschen für Fortgeschrittene
100 Leben Sie mit Situationen, statt mit Problemen
104 Wie Sie den Glücksfallen elegant entkommen
106 Organisation ist alles: Minutenaufwand für maximalen Wohlfühl-Gewinn
112 Lassen Sie Wohlbefinden zur Gewohnheit werden

4.

116 Nur noch das Beste für Körper & Geist

118 Wir sind keine Maschinen
120 Wie Sie nie wieder sündigen, sondern ohne Reue genießen
130 Setzen Sie Ihren Körper ein und steigern Sie Ihr Wohlbefinden
137 Regenerieren Sie sich optimal und bleiben Sie jung
140 Entwickeln Sie „Stress-Souveränität“
149 Beruhigen Sie Ihren Geist
155 Schenken Sie Ihrem Leben eine Schokoladenseite!

162 Das große Wohlfühlbarometer

5.

166 Das 8-Wochen-Tagebuch

202 Glossar
204 Zum Weiterlesen und Ausprobieren
205 Impressum

Vorwort

Wir gehen mit niemandem so schlecht um, wie mit uns selbst. Das würden wir doch zu keinem anderen sagen, wie wir da im Laufe des Tages über uns herziehen: Du siehst aus wie ein explodierter Handbesen, zu faul zum Laufen, unbeliebt, unfähig, zu dick, faltig, voller Problemzonen, träge, lustlos, eine schlechte Tochter – und wegen Billigwindeln & Co auch noch die schlechteste Mutter der Welt ... Und genau so basteln wir uns ein Sorgenanzieh-Gehirn mit einem stets wachsenden rechten Frontalappen, der uns immer missmutiger macht.

Was wäre, wenn es eine Lizenz zum Glücklichsein gäbe? Sofort einzulösen? Mit der man schon morgens vor dem Spiegel entdeckt, was für ein Schatz man ist – intelligent, freundlich, liebenswert ... Her damit! Na ja, genau das halten Sie in der Hand. Ein Lebebuch von einer Autorin, die uns mit cleveren Techniken, kleinen Tipps und spannendem Wissen auf die Schokoladenseite des Lebens schickt.
Der promovierten Psychologin Dr. Ilona Bürgel darf man glauben, dass wir ganz einfach lernen können, uns selbst zu mögen, uns wichtig zu nehmen, das schlechte Gewissen abzustellen – und das linke Frontalhirn wachsen zu lassen für mehr Wohlbefinden, Zufriedenheit und Glück. Denn die Lebensfreude-Expertin hat all das studiert und ausprobiert, was sie erzählt, sie lebt das, was sie rät. Ihr wunderbares Motto: „Leben ist wie Schokolade essen, voller Möglichkeiten, Freude und Genuss."

Viel Spaß beim Genießen und Entdecken, wie schön es ist, wenn man sich selbst endlich einmal in den Mittelpunkt des Lebens stellt.

Herzlichst Ihre
Marion Grillparzer

Einladung zum gesunden Egoismus

Gerade sah es noch so aus, als könnten Sie heute einmal pünktlich nach Hause gehen, da klingelt das Telefon, und schon haben Sie wieder eine – wie immer – ganz dringende neue Aufgabe zu erledigen. Statt „morgen" zu sagen, verschieben Sie den geplanten Besuch im Fitness-Studio und hängen zwei Stunden Arbeit dran. Zu Hause angekommen, checken Sie schnell noch einmal Ihre E-Mails. Dabei verdrücken Sie hastig eine Tafel Schokolade oder eine halbe Tüte Chips – und schlafen schließlich vor lauter Erschöpfung beim Fernsehen ein.

Kommt Ihnen das irgendwie bekannt vor? Genuss und Wohlbefinden wünschen wir uns schon lange, doch wie sieht der Alltag aus?! Ein gutes Leben verschieben wir auf „morgen" oder „später". Aus Rackern, Disziplin und Pflichterfüllung schnüren wir uns ein enges Korsett.

Ganz nebenbei steigen auch die Ansprüche. Ein stetig wachsender Markt mit Angeboten für die persönliche Entwicklung beschert statt größerer Zufriedenheit das Gegenteil. Der ständige große Glücksanspruch erzeugt eher zusätzlichen Druck und führt dazu, dass wir die feinen kleinen Dinge übersehen und vergessen. Gern fühlen wir uns schuldig, nicht alles zu schaffen, noch nicht „weit genug" und „gut genug" zu sein. Die Gegenwart scheint nie richtig zu sein. Wir scheinen nie richtig zu sein. Wer allein ist, beklagt den fehlenden Partner. Wer einen hat, hat nicht den richtigen. Es gibt zu viel oder zu wenig Arbeit, zu wenig oder zu viel Sonne. Der Körper ist zu dick oder zu dünn. Halt! Wie lange soll das noch so weitergehen?

Schauen Sie doch stattdessen mal in den Spiegel. Sie haben sich! Wie wäre es, sich daran zu erfreuen? Behandeln Sie sich selbst so, wie Sie von anderen behandelt werden möchten. Es gibt nur einen absolut sicheren Weg, um sich wohler zu fühlen – und der ist, selbst besser für sich zu sorgen. Leben Sie vor, was Sie sich wünschen. Wann wollen Sie damit beginnen, wenn nicht jetzt?

Ob Sie Glück haben, ist Zufall. Ob Sie glücklich sind, ob Sie sich wohlfühlen, nicht. Das entscheiden Sie selbst. Wenn Ihr Tag beispielsweise einen schlechten Start hat, machen Sie doch etwas Besseres daraus. Ich weiß, Sie haben das schon oft gehört, gesagt, Kärtchen an den Spiegel gehängt usw. Und doch hält Sie etwas davon ab. In der Theorie sind wir alle spitze. Warum ist die Praxis anders? Das liegt an einer Mischung aus erlernten Denkmustern, Ängsten und leider vor allem mangelnder Wertschätzung für sich selbst.

Durch dieses Buch werden ganz normale Menschen wie Sie und ich sofort anders leben, nämlich mit mehr Rücksicht auf sich selbst. Denn hier geht es nicht um das Überwinden schwerer Krankheiten, extremer Lebenssituationen oder den Einsatz außergewöhnlicher Begabungen. Es geht vielmehr um das ganz Alltägliche – das, was die meiste Zeit unseres Lebens ausmacht.

Am wichtigsten ist mir das Tun, der mutige Sprung in neue Erfahrungen. Bringen Sie Ihr Wissen und Ihre Erfahrungen ein – und lassen Sie uns handeln! Verschiedene Rubriken laden Sie regelmäßig zum Innehalten und Mitmachen ein. Mit dem kleinen Wohlfühlbarometer, das Sie jeweils am Ende der ersten drei Hauptkapitel finden, können Sie zwischendurch einfach mal testen, wo Sie gerade stehen. Das große Wohlfühlbarometer ab Seite 162 ermöglicht Ihnen einen umfassenden Überblick über Ihr Befinden. Sie gestalten dieses Buch mit

und schaffen sich so Ihren Coach für mehr Wohlbefinden in allen Lebenslagen. Aus den Anregungen, Ideen und Möglichkeiten wählen Sie aus, was zu Ihnen passt. Dadurch wird Ihnen die Umsetzung deutlich leichter fallen. Und spätestens mit dem Wohlfühl-Tagebuch am Ende wird dann eine ganz neue Gewohnheit fest in Ihrem Alltag verankert, und der Titel Ihres treuen Begleiters ist Ihr neues Lebensmotto: Jetzt denk ich wirklich nur an mich!
Ich freue mich, dass Sie dabei sind!

Herzlich
Ilona Bürgel

„Immer wenn Sie dieses Logo

Mein ♥ Wissen

sehen, dann verrate ich Ihnen meine ganz persönlichen Erfahrungen und Tipps – mein Herzwissen eben."

„Gönnen Sie sich von nun an sich selbst. Tun Sie das für sich, was Sie auch für andere täten und zwar mit Begeisterung und gutem Gewissen."

1.

Jagen Sie dem Glück nicht länger hinterher!

Wann haben Sie aufgehört, an sich zu denken? Als Kind haben Sie noch brüllend und strampelnd Ihre Rechte eingefordert. Heute scheint es normal zu sein, sich anzupassen und es allen recht machen zu wollen. Die Folge sind Müdigkeit, Enttäuschung und Frustration. Schauen Sie sich um. Sie sind damit nicht allein. Wir alle haben immer mehr Freiheiten und leben immer weniger frei. Wozu? Ja, wozu eigentlich? In der Hoffnung, dass wir „irgendwann einmal dran sein“ werden? Die gute Nachricht ist: So kann man durchaus leben. Die schlechte: Froh wird man dabei nicht, sondern eher krank.

Raus aus der Optimierungsfalle, rein in den Genuss

Seitdem es uns Menschen gibt, träumen wir von einem besseren Leben. Gesundheit, Wohlstand, Glück, Liebe – und zu jemandem zu gehören, das wünschen wir uns am meisten. Die Möglichkeiten, all dies zu erreichen, waren nie so gut wie heute. Und hier kommt schon das Aber. Es scheint, als hindert uns die Aussicht, alles und noch mehr erreichen zu können, daran, genau das zu erreichen, was wir uns wünschen. Damit möchte ich sagen: Wir stehen uns selbst im Weg mit unserer permanenten Sehnsucht, dass wir, Dinge oder Situationen anders sein möchten, als wir oder sie es sind.

In meiner Coaching-Praxis stelle ich immer wieder fest, wie viele Menschen sich entwickeln, bewusster leben, ihren Gedanken und Gefühlen mehr Aufmerksamkeit schenken, Ziele, Werte und Strategien formulieren wollen – und trotzdem nicht dort stehen, wo sie eigentlich hinwollen. Das Erstaunliche an solchen Situationen ist, dass wir Dingen nachjagen, die längst da sind. Wir nehmen sie nur nicht wahr, weil wir gedanklich schon im nächsten oder noch im letzten Augenblick sind.
Nehmen Sie beispielsweise unser Essverhalten. Die Art, wie wir mit Essen umgehen, ist typisch für die Art, wie wir mit uns selbst umgehen. Schnell, schnell, schnell. Gierig und oberflächlich. Wir sind mit den Gedanken in der Vergangenheit (wo wir z. B. „mehr fürs Geld" bekommen haben) oder fürchten Künftiges (z. B. zuzunehmen). Dabei liegt die Genussoption gerade in unserem Mund.

„Ich weiß, wovon ich schreibe. Es gibt kaum eine Technik, die ich nicht ausprobiert habe. Immer war ich auf der Suche nach „Wunder-

mitteln", die beim Abnehmen helfen, mich fürs Joggen motivieren, mir mehr Geduld schenken und ein großes Einkommen sichern. Die Krönung: drei Monate lang jeden Tag dieselbe Motivations-CD zu hören. Der Start: Neugierde, funkelnde Augen, ein Lächeln auf den Lippen, voller Hoffnung. Ich nahm mir trotz meines vollgepackten Alltags täglich eine halbe Stunde Zeit für die von Roy Martina versprochene Erfolgsprogrammierung. Ich habe bei ihm gelesen, dass meine Zellen mit neuen Informationen überflutet werden und danach Wunder geschehen würden. Die konnte ich gerade gut gebrauchen. Hatte ich doch Muskelkater, der seit Wochen nicht verschwand, und mein damaliges Buchprojekt ging gerade den Bach hinunter. Auf meinem roten Sofa liegend, schwankte ich täglich zwischen im Bauch klopfender Euphorie, einem „Alles-ist-möglich-Gefühl", und einem stetig wachsenden Anflug von Unzufriedenheit. Nach drei Monaten war ich richtig wütend und enttäuscht. Wieso? Weil sich meine Zellen bestimmt über die regelmäßige Auszeit gefreut haben, die Wunder allerdings ausblieben. Weil ich den Eindruck hatte, am falschen Experiment teilgenommen zu haben. Natürlich gab ich dem Autor die Schuld, statt mich zu fragen, warum ich so unzufrieden geworden war. Ich hatte – was mir immer wieder passiert – auf ein Wunder von außen gehofft, statt mich auf meine Potenziale und die guten Seiten des Moments zu besinnen."

Wer bin ich?

Wie würden Sie einem Journalisten beschreiben, was Sie ausmacht?

....

....

....

Was würden gute Freunde/Ihre Liebsten über Sie sagen?

....

....

....

Was mögen Ihre Freunde am meisten an Ihnen?

....

....

....

Was ist ein tägliches Glück für Sie?

....

....

....

Was raubt Ihnen Kraft und Nerven?

....

....

....

Was schätzen Sie gerade am meisten in Ihrem Leben?

....

....

....

Was werden Sie als Nächstes in Ihrem Leben verändern?

Was war ein großer Erfolg in Ihrem Leben?

Was ist Ihre Lieblingseigenschaft an sich?

Was mögen Sie an Ihrem Körper?

Was können Sie sich finanziell alles leisten?

Was schätzen Sie an Ihrer Arbeit?

Schreib's auf!

Hören Sie auf mit dem Vergleichen, und schon geht es Ihnen gut

Der Dreh- und Angelpunkt der Enttäuschung oder Unzufriedenheit ist immer der Vergleich. Oder besser gesagt: die Art, wie wir vergleichen. Denn wir schauen nicht zur Seite und sagen: „Im Verhältnis zum durchschnittlichen Mitteleuropäer sehe ich ganz nett aus." Schon gar nicht denken wir: „Gemessen an südamerikanischen Verhältnissen ist mein 50-Euro-Schein Reichtum." Sondern wir vergleichen uns und unsere Situation eher mit einer Minderheit, die an der Spitze steht, und mit Werbe-Ikonen, deren Fotos am Computer optimiert werden.

Der Vergleich mit gesellschaftlich vermittelten Idealen ist besonders teuflisch. Weil sie uns von früh bis spät begegnen und wir deshalb glauben, sie seien richtig. Lassen Sie uns das Beispiel „Wunschfigur" ansehen. Millionen von Menschen sind täglich unzufrieden mit ihrem Körper. Egal, ob Sie beim Einkaufsbummel Schaufensterpuppen sehen, die deutlich dünner sind als der Durchschnittsmensch, oder ob Sie als Beamter nicht befördert werden, weil sie zu viel wiegen – die Botschaft ist immer: „Du bist nicht richtig."

Das ist aus mehreren Gründen besonders tragisch. Zum einen vergessen wir, dass es eine Konstitution gibt, eine Anlage für unseren Körper, mit der wir auf die Welt kommen. Folgerichtig gibt es einige Menschen, die sehr dünn, und einige, die sehr dick sind, und dazwischen eine breite Mittelschicht. Die Schweizer Psychologin Maja Storch hat dafür einen genialen Vergleich entwickelt: Es gibt Möpse und Windhunde – ich ergänze: und Schäferhunde, die Mitte. Wenn die Möpse versuchen, Windhunde zu werden, werden sie allenfalls unglückliche Möpse. Die meisten Menschen sind – wie ich – Schäferhunde. Unser lebenslanger Kampf um einen Windhundkörper ist eine Never-Ending-Story.

Denn zum Zweiten führt das Eingreifen in die gesunden Mechanismen unseres Körpers dazu, dass immer weniger davon – wie etwa das Hunger- und das Sättigungsgefühl – richtig funktionieren.

Mein ♡ Wissen

„Ich habe mit 14 meine erste Diät gemacht, um dann mit 30 festzustellen, dass ich die Hälfte meines Lebens an ein Thema verschwendet habe, das ich nur begrenzt beeinflussen kann. Wie viel Kummer war damit verbunden, wie viele verpasste Gelegenheiten, mich wohlzufühlen. Ich habe mich dann auf die Suche begeben nach neuen Lösungen, die Spaß machen und alle meine Bedürfnisse unter einen Hut bringen: gut und viel essen, gesund, fit und mit Wohlfühlgewicht leben. Kapitel 4 verrät Ihnen mehr darüber.

Sehr „beliebt" sind auch die Vergleiche mit früher. Als es leichter war, Kunden zu gewinnen, als der Körper noch schlanker und beweglicher war, als der Rücken noch nicht wehtat und die neuen Nachbarn noch nicht da waren, als wir noch angeflirtet wurden und uns über durchfeierte Nächte keine Gedanken machten. Kurzum: als alles besser und leichter war. Diese Vergleiche tun immer weh und lassen Unzufriedenheit entstehen. Ganz nebenbei gesagt: Sie stimmen auch gar nicht. Denn meist waren wir schon vor zehn Jahren mit unserem Gewicht unzufrieden, hatten statt Rückenschmerzen Migräne und haben noch nie „genug" verdient. Das sind Vergleiche mit Garantie für schlechte Stimmung."

Garantie für schlechte Stimmung:

Vergleiche …

… mit gesellschaftlich vermittelten Idealen

… damit, wie es früher einmal war

… mit unseren inneren Wunschbildern

Der Vollständigkeit halber soll noch der Vergleich mit „sollte" oder „könnte" genannt sein. Wir hatten das Problem schon beim Thema „externe Ideale" berührt. Wir haben jedoch auch innere Wunschbilder von uns selbst. Wir haben sie in frühen Kindertagen aus unserem engsten Umfeld übernommen. Wir hörten und erlebten, was „ gut" oder „schlecht" oder wünschenswert ist – und was wir besser vermeiden sollten. So entstanden Muster, nach denen wir als Erwachsene leben. Und später kommen dann immer mehr Einflüsse von außen hinzu, etwa durch Freunde, Schule, Medien.

ich-mag-mich
Veränderung

Was sind Ihre „Vergleichslieblinge"?

Externe Ideale oder interne Wunschbilder – Zukunft oder Vergangenheit – Familienerwartungen oder gesellschaftliche Erwartungen – verschiedene Rollen wie Mutter, Freund, Ehefrau, Chef – Nachbar …

....

....

Wovon möchten Sie sich künftig unabhängiger machen?

....

....

Warum die Entstehungsgeschichte unseres Gehirns wichtig ist

Wir können – zum leichteren Verständnis ganz grob kategorisiert – ihrer Entstehung und Funktion nach drei Gehirnbereiche unterscheiden. Das älteste Gehirn ist das Reptil- oder Instinkthirn. Hier wird das wichtigste Prinzip für jedes Lebewesen geregelt: das Überleben. Einzuordnen sind hier, wie der Name schon sagt, unsere Instinkte. Ein Beispiel, das uns jeden Tag begegnet, ist der sogenannte Neuland-Instinkt.

So macht Neues zunächst immer Angst, weil in den Anfangszeiten der Menschheit Neues oft die Überlebensfrage aufwarf: Eine neue Frucht zu essen oder in eine neue Region zu wandern, konnte tödlich sein. Heute zerreiben wir Menschen uns oft in Alltagspflichten und hetzen im Kreis durch unser Leben, nur weil wir Angst haben, etwas Neues zu wagen. Es scheint, als sei dies gar nicht anders möglich. Zu wissen, dass diese Angst vor Neuem etwas Normales ist, wird es Ihnen hoffentlich demnächst erleichtern, sich darüber nicht zu ärgern, sondern diese Angst wie einen guten alten Bekannten zu begrüßen und vorüberziehen zu lassen.

Es folgen das Emotionshirn und das Denkhirn. Letzteres macht uns zu Menschen. Hier findet alles, was mit Sprache, Logik, Zahlen, Daten, Fakten, Vernunft zu tun hat, seinen Platz. Hier können wir planen und entscheiden. Wir Menschen sind sehr stolz auf unser Denkhirn und gehen davon aus, dass es das wichtigste sei und wir damit alles regeln könnten. Weit gefehlt!
Wenn wir uns schlecht fühlen, spüren wir das sogenannte Emotionshirn am meisten. Dies ist der Teil des Gehirns, der die Erfahrungen unseres Lebens und die damit verbundenen Gefühle speichert und auf dieser Basis aktuelles Geschehen bewertet. Hier geht es tendenziell darum, Lust zu erleben und Schmerz zu vermeiden. Es hat großen Einfluss. So schaltet es beispielsweise das jüngere Denkhirn aus, was in der Frühgeschichte der Menschheit durchaus sinnvoll war, wenn es galt, Gefahren zu vermeiden. Dies hat allerdings zur

Folge, dass wir heute in Ärger, Enttäuschung und Verzweiflung wie gefangen sind und nicht mehr logisch denken können. In diesem Zustand verhalten wir uns wenig sinnvoll. Wir wundern uns, wieso wir dem Chef gegenüber bei Kränkungen zum soundsovielten Mal den Mund nicht aufmachen, dafür jedoch die Kinder anschreien, wenn sie bummeln, und zum denkbar unpassenden Zeitpunkt in Tränen ausbrechen.

Bitte bedenken Sie beim Thema „Emotionen": Es gibt keine falschen! In ihrer „Broaden-and-build-Theorie" hat die Psychologin Barbara Fredrickson erforscht, dass negative und positive Gefühle zu unterschiedlichen Zeiten der Menschheitsentwicklung verschiedene Aufgaben hatten. Negative Gefühle waren sehr früh für das Verhalten in gefährlichen Situationen überlebenswichtig. Sie schränken die Perspektive ein und ermöglichen es deshalb, sich auf die Gefahr zu konzentrieren. Positive kamen später und waren langfristig für die Bewusstseinserweiterung und neue Fähigkeiten wichtig. Positive Gefühle erweitern die Perspektive *(broaden)*, öffnen das Herz und machen kreativ. Das ist die beste Voraussetzung zum Lernen.

Nur wenn es Ihnen gut geht, kommen Sie also voran, können sich entwickeln und vor allem – loslassen. Wenn Sie Dinge tun, die zu Ihnen passen und die Sie „wollen" und nicht „müssen" oder „sollen", werden Sie sich viel besser fühlen und doppelt so effektiv sein.

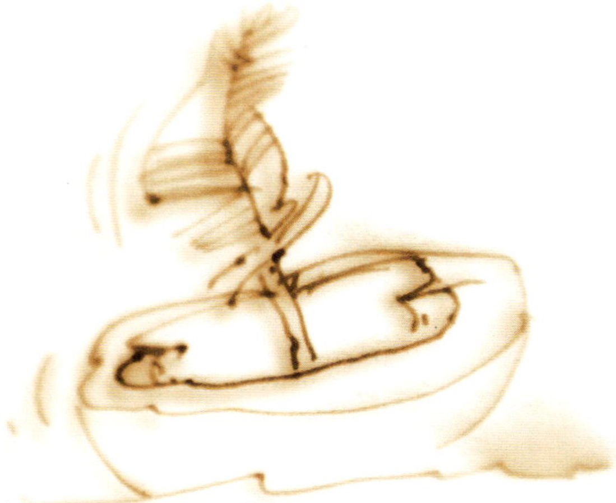

Verpassen Sie nicht Ihr Leben – nutzen Sie den Augenblick!

In meiner Arbeit möchte ich unser Denken und Fühlen aus der Zukunft in die Gegenwart zurückholen, um uns alle daran zu erinnern, dass das Leben heute stattfindet, nicht morgen.

Wir arbeiten oft daraufhin, später etwas Bestimmtes zu leben. Warum eigentlich nicht heute? Ich nehme wahr, dass gerade in unserer Gesellschaft das Prinzip des „Verdienens" großgeschrieben wird. „Erst die Arbeit, dann das Vergnügen", bloß nichts geschenkt bekommen, sondern alles lieber selbst erarbeiten.

Zwar hoffen viele auf den Lottogewinn, doch wenn irgendwer ein reiches Erbe antritt, sind wir skeptisch und betonen, dass wir uns alles selbst erarbeitet haben.

Oder wir denken, wir wären noch nicht so weit. Ich arbeite viel mit Menschen, die ihr Gewicht verändern wollen. Egal, ob das Ziel „Zunehmen" oder „Abnehmen" heißt, die Motive sind ähnlich. Es wird erwartet, dass die neue Figur etwas Besonderes bringt. Aber am Ende ist man auch mit 10 Kilogramm mehr oder weniger dieselbe Person wie vorher.

Kurzum: Es ist eine Illusion, dass in der Zukunft Großes geschehen wird, was uns dann glücklich macht. Wenn wir das Glück im Heute nicht spüren, ist es unwahrscheinlich, dass wir morgen glückli-

cher sein werden, nachdem irgendetwas eingetreten ist.
Denn unser Gehirn wird durch das geformt, was wir häufig denken, fühlen und tun. Dies hat zur Folge, dass wir mit schöner Regelmäßigkeit wiederholen, was wir schon immer gedacht, gefühlt und getan haben. Konkret heißt das: Von unseren schätzungsweise 60.000 Gedanken am Tag sind nur 5 Prozent neu.

Vielleicht trauen Sie sich nicht, das zu leben, was Sie sich wünschen? Sie hoffen, dass Sie dann als Rentner keine ungeliebten Aufgaben mehr erledigen und sich für keinen Chef mehr verbiegen müssen. Und wenn die Kinder erst aus dem Haus sind, dann dürfen Sie endlich mehr an sich denken und Ihre Hobbys wieder vom Dachboden holen.
Oder wir haben Angst vor Ablehnung, Auseinandersetzungen, Veränderungen oder davor, als Egoist verschrien zu werden, wenn wir uns wichtig nehmen. Wie schade um das Heute! Denn wir wissen nicht, ob und wie das Morgen kommt. Pater Anselm Grün schrieb einmal: „Der Tod kommt meistens überraschend.“ So ist es auch mit Krankheiten – und dann sind wir entsetzt, empört, finden es ungerecht, dass wir betroffen sind. Es ist doch erstaunlich, dass wir Menschen uns der Schätze unseres Lebens oft erst dann bewusst werden, wenn wir Gefahr laufen, sie zu verlieren.

Aktion

Was ist Ihr „Lieblingsargument“, um etwas, das Sie gern möchten, auf später zu verschieben? (Sie müssen erst abnehmen, den richtigen Partner haben, das Haus abbezahlen, mehr Geld verdienen, in Pension sein, selbstbewusster sein …)

....

....

....

....

Notieren Sie, bei welcher Tätigkeit Sie morgen ganz den Augenblick genießen wollen (essen, gehen, Musik hören, Unterhaltung mit Familie/Kollegen, Sex, Sport …):

....

....

....

....

....

Welche Erfahrungen haben Sie dabei gewonnen?

....

....

....

....

Keiner möchte egoistisch sein – das müssen Sie auch nicht

Nachdem wir uns mit den Haupthindernissen für unser tägliches Wohlbefinden befasst haben, möchte ich gemeinsam mit Ihnen betrachten, welche erlebbaren Konsequenzen es hat, wenn wir in der Optimierungsfalle sitzen, wenn wir vergleichen, das Glück von Bedingungen abhängig machen und unser gutes Leben aufschieben.
Es ist höchste Zeit, einen großen Irrtum aufzuklären und Sie einmal erleichtert richtig tief durchatmen zu lassen:

Sie sind kein Egoist, wenn Sie gut für sich sorgen! Gut für sich zu sorgen, heißt keineswegs, schlecht für andere zu sorgen!

Und „für sich" heißt nicht „gegen andere". Wir denken so schnell in „Entweder-oder-Kategorien". Doch das Leben besteht oft aus „sowohl – als auch". Wenn Sie die Kinder abgeholt haben und fünfzehn Minuten Ruhe und Entspannung nur für sich haben wollen, sind Sie keine Rabenmutter. Statt sich abgehetzt direkt von der Arbeit kommend um sie zu kümmern, zeigen Sie vielmehr Weitblick, weil Sie nach Ihrer kleinen Pause in einer besseren Verfassung sein werden. Sie sind konzentrierter, offener und mit guter Laune für Ihre Kinder da. Gleiches gilt, wenn Sie sich Hilfe bei der Pflege kranker Angehöriger holen, statt am Sonntagabend nach dem Arbeitspensum in Ihrer eigenen Welt leise vor sich hin fluchend noch fremde Fenster zu putzen.
Nur wenn Sie „Ja" zu sich und „Nein" zu der Kollegin sagen, die Unerledigtes immer wieder bei Ihnen anschleppt, lernt diese überhaupt, effizienter zu arbeiten. Wenn Sie aus den alten „Ich-bin-für-alles-verantwortlich"-Mustern aussteigen, wird die Welt nicht untergehen – sie wird sich anpassen.

Individualität ist ein gutes Rezept

Die Trennung externer Maßstäbe von unseren eigenen stellt eine kleine Herausforderung dar. Wie entkommen wir dem Widerspruch zwischen mangelnder Individualität, beispielsweise bei Lebenskonzepten, und der Gefahr des Egoismus? Wenn es schon bei Schokolade so ist, dass jeder eine andere Sorte mag und nur er/sie selbst weiß, welche das ist, wie sollte es dann bei größeren Dingen anders sein? Leider glauben wir oft, dass nur eine Meinung, in der Regel unsere eigene, die für alle richtige ist.

Der Dalai Lama hat einmal ein sehr prägnantes Bild für den Streit um die richtige Religion gebraucht. Er verglich ihn mit einem Restaurantbesuch. In einem Restaurant würde niemand erwarten, dass der Nachbar am anderen Tisch genau das Gleiche mag und isst. Übertragen wir das auf unseren Alltag, heißt dies, sich selbst und jedem anderen die Freiheit des persönlichen Geschmacks in allen Lebensbereichen zu lassen. Dies wiederhole ich besser noch einmal: sich und allen anderen die Freiheit zu lassen, so zu sein, wie man eben ist.

*Liebe Frauen,
Ihr wisst nicht besser,
was Eure Männer essen
sollten, welche Frisur zu
Eurer Freundin passt und
wie Eure Mutter mit den
Enkeln umgehen sollte. Wir
gehen immer von uns aus.
Doch wir sind nicht
unser Gegenüber!*

Jeder Alltag sieht anders aus. Jeder von uns hat andere Gewohnheiten. So wird für den einen mehr Struktur, für den anderen eher Spielraum nötig sein. Es gibt kein „besser" oder „schlechter", nur ein „anders". Ich plädiere dafür, sich weniger zu verbiegen, um anders zu sein, sondern die eigenen Möglichkeiten erst einmal zu entdecken und optimal zu nutzen. Dann geht es uns auch gleich viel besser. Doch Achtung: Hier könnte sich noch ein weiterer innerer Bedenkenträger melden, den wir schon kennen: das Bedürfnis, „dazuzugehören". In der Konsequenz verhalten wir uns so, wie es alle tun, und trauen uns nicht, einen eigenen Weg zu definieren. Anders zu sein impliziert für unser Gehirn die Gefahr, ausgeschlossen zu werden, was in der Frühgeschichte des Menschen den Tod bedeutet hätte. Heute natürlich nicht mehr, denn wir können ganz leicht nach Menschen oder Lebensräumen suchen, die zu uns passen – doch das müssen Sie Ihrem Gehirn erst einmal klarmachen!

Schreib's auf!

Notieren Sie sieben Dinge, die für Sie gesunden Egoismus ausmachen:

1. ....
2. ....
3. ....
4. ....
5. ....
6. ....
7. ....

Wobei haben Sie den größten Nachholbedarf?

....

....

....

....

....

....

....

Eine passende Wochenaktion finden Sie im Tagebuch auf auf den Seiten 168–171.

Verlernen Sie das schlechte Gewissen: Nehmen Sie sich wichtig!

Kombinieren wir alle besprochenen Hindernisse mit dem permanenten Konflikt zwischen Innen und Außen – unseren eigenen Bedürfnissen und dem Wunsch, es allen recht zu machen – haben wir eine tickende Zeitbombe aufgespürt, die man „schlechtes Gewissen" nennt.

Das schlechte Gewissen hält uns davon ab, bei Entscheidungen unsere eigenen Interessen in den Vordergrund zu stellen. Entscheiden wir uns trotzdem für unsere Bedürfnisse, fühlt sich das schlecht an, entscheiden wir uns dagegen – auch. Ein schlechtes Gewissen schränkt unseren Handlungsspielraum und unser Wohlbefinden ein, und das Fatale ist: Das schlechte Gewissen ist eine Fiktion, eine Hypothese, der wir anhängen. In der Regel ist das schlechte Gewissen eher ein „Was-wäre-wenn?-Spiel". Wir haben ein schlechtes Gewissen, wenn wir Urlaub nehmen und alle im Büro überlastet sind; Mütter haben ein schlechtes Gewissen, wenn sie arbeiten und nicht bei ihren Kindern sind oder umgekehrt. Wenn wir mehr haben wollen als andere haben, wenn wir das größte Stück Torte nehmen, ja selbst wenn wir Erfolg haben, gibt es das schlechte Gewissen, und wir fragen uns, ob wir das Gute auch wirklich verdient haben. Gemeinsam ist allem, dass es keinen objektiven Maßstab gibt. Was sich „gehört" und „richtig" ist, unterliegt einem gesellschaftlich vermittelten, letztendlich aber subjektiven Maßstab.

Es ist November, und der Garten ist nicht winterfest? Sie haben beim Essen total über die Stränge geschlagen, allen guten Vorsätzen zum Trotz? Und sind in der Früh auch noch liegen geblieben, statt in die Joggingschuhe zu springen? Dies alles sind wundervolle Gelegenheiten für ein schlechtes Gewissen. Vielleicht ist es auch ein Preis, den wir dafür bezahlen, dass wir nicht zu unseren Handlungen und Entscheidungen stehen? Dann geht es uns dafür wenigstens schlecht. Wie eine Art Tarnung, unter der wir das tun, was wir wirklich wollen. Sie wählen doch selbst, was Sie essen, ob Sie Sport treiben und wie viel Sie arbeiten. Niemand sonst. Sobald Sie dazu stehen, hat sich das schlechte Gewissen erledigt.

„Zu Beginn meiner Selbstständigkeit habe ich im Rausch des Aufbaus viel zu viel gearbeitet. Ich habe mich kaum getraut, eine Anfrage mit „Nein" zu beantworten. Es ließ nicht lange auf sich warten, dass ich die Konsequenzen der permanenten Überforderung körperlich und seelisch zu spüren bekam. Sehr schnell habe ich Spielregeln für mich aufgestellt, dies zu ändern. Eine davon war, dass ich einen Vormittag in der Woche für mich haben wollte, da ich abends und am Wochenende oft Termine wahrnahm. Und so zog ich dann an einem Dienstagvormittag mit der Saunatasche los, um es mir gut gehen zu lassen. Ich hatte am Anfang so ein schlechtes Gewissen, mich jetzt einfach zu verwöhnen, statt fleißig zu sein! Einfach nichts zu tun, während alle anderen arbeiteten und durch die Gegend hetzten. Es dauerte einige Wochen, bis ich meinen eigenen Kopf gerade gerückt hatte."

ich-mag-mich Veränderung

Wem wollen Sie es besonders recht machen? (Chef, Eltern, Partner, Kindern, Kollegen, Freunden, Vereinsfreunden …)

....

....

....

....

....

....

Bei wem hören Sie ab sofort damit auf?

....

....

....

....

....

....

Negatives Gedankenkreisen

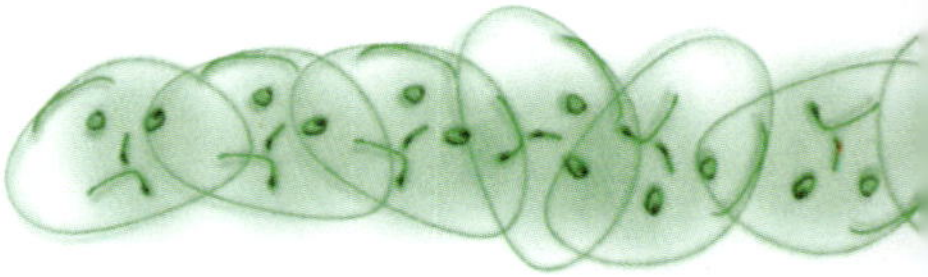

Worüber haben Sie heute in der Kaffeepause gesprochen? Und gestern beim Abendbrot? Was ging Ihnen im Badezimmer durch den Kopf, was im Auto oder Bus und was jetzt gerade? Sind es konstruktive Dinge, die Sie froh und heiter stimmen, die Ihnen Kraft geben und ein gutes Lebensgefühl? Loben Sie andere und danken Sie ihnen, genießen Sie das Leben?

Es steht zu befürchten, dass das Gegenteil der Fall ist, denn wir sind zu einer Gesellschaft des Zweifelns, Grübelns, Ärgerns und Klagens verkommen. Wir scheinen geradezu unfähig geworden zu sein, das negative Denken anzuhalten.

Eine erste Grundlage für das negative Gedankenkreisen ist das Phänomen des „katastrophischen Gehirns", das mehr Negatives als Positives registriert. Dies war evolutionsgeschichtlich durchaus einmal sinnvoll, denn für das Überleben der Menschheit in den Anfangszeiten war es wichtiger, zu wissen, welche Pflanze giftig ist – der Geschmack rangierte auf Platz zwei. Heutzutage schweben wir aber nicht mehr in permanenter Lebensgefahr. Unser Gehirn hat seine Vorliebe für die Gefahr jedoch beibehalten, und es übertreibt sie auch noch.

Die Realität ist niemals so schlimm, wie uns unser Gehirn das vorgaukeln kann. Meist sitzen wir warm und satt in einem schönen Zuhause, während wir uns ausmalen, wie schlimm es sein könnte, wenn dies oder jenes geschähe (Einbruch, Krankheit, Trennung ...), oder warum uns jemand gekränkt hat oder ... Und das tun wir dann nicht fünf Minuten, sondern mehrere Stunden oder ganze Tage lang.

Eine zweite Grundlage bilden die Menschen, von denen wir lernen. Die wenigsten von uns haben gelernt, groß, liebevoll, frei oder wertschätzend zu denken. Allein die Kommunikation über uns und unsere Fähigkeiten dürfte in den meisten Familien restriktiv, demotivierend oder pessimistisch verlaufen sein. Für uns, die wir im 21. Jahrhundert leben, kommt außerdem noch das Thema „Überforderung“ hinzu. Und an dieser Stelle sei betont, dass zum Überfordern zwei gehören: einer, der fordert und einer, der mitmacht.

Es reicht also nicht, mit dem Finger auf Unternehmen, Schule, Eltern, Gesellschaft oder sonst jemanden zu zeigen, die scheinbar alle zu viel von uns wollen. Wir sind Teil des Ganzen und machen alle kräftig mit. So beklagt beispielsweise jeder die E-Mail-Flut, aber alle schreiben ohne Sinn und Verstand immer mehr Mails an immer mehr Menschen und treiben die anderen damit zum Reagieren an.

Das Gehirn passt sich an

Negative Informationen wahrzunehmen, ist wichtig. Gefährlich wird es erst, wenn negative Gedanken überwiegen und sich verselbstständigen. Wenn sie Selbstgespräche durchdringen und die Kommunikation mit der Umwelt dominieren, ist das Gleichgewicht gestört. Denn was wir häufig denken und tun, bestimmt unsere Wahrnehmung und formt unser Gehirn. Die Verbindungen zwischen den Nervenzellen, die besonders häufig genutzt werden – indem wir etwa immer wieder dieselben negativen Dinge denken – prägen sich immer stärker aus, und so wiederholen wir uns immer wieder. Unsere Gewohnheiten wiederum formen den Frontallappen im Gehirn: Der linke vergrößert sich bei positiven Gedanken, der rechte bei negativen. Deshalb nehmen wir dann wieder das Gleiche wahr usw. Der Ausweg heißt: mehr Aufmerksamkeit auf das lenken, was wir denken und schließlich tun.

Schreib's auf!

Welcher Gedanke zerstört Ihnen am häufigsten die gute Stimmung? (mir hilft keiner, mir ist alles zu viel, das Leben/die Arbeit/die Beziehung ist ungerecht …)

....

....

....

....

....

Nehmen Sie dieses Negativdenken bewusst wahr, und vor allem das, was diese Gedanken in Ihnen bewirken.
Es ist heute bekannt, dass sich die sogenannten Mandelkerne (Amygdalae), die als „emotionale Wächter" des Gehirns bezeichnet werden, vergrößern, wenn wir uns häufig ärgern und negativen Stress haben. Als Folge werden sie immer sensitiver, sodass wir künftig auf Stress und Ärger noch schneller reagieren. Eine negative Grundeinstellung führt außerdem zu Gesundheitsschäden bis hin zur Depression. Insbesondere aus der Meditationsforschung kommen zahlreiche Belege, dass sich unser Gehirn, wie schon erwähnt, auf vielfältige Weise in seiner Struktur dem anpasst, was wir alltäglich denken, tun und fühlen. Man spricht hier von der „Neuroplastizität des Gehirns". Erfreulicherweise geschieht dies in beide Richtungen. Das bedeutet: Wir können ungünstige Veränderungen also auch zurückdrehen.

Mein Wissen

„Eines meiner Vorbilder ist der Dalai Lama. Im letzten Jahr hatte ich die großartige Gelegenheit, ihn einmal persönlich zu erleben. Was ich von ihm lernen will? Ich schätze seine gleichbleibende natürliche Freundlichkeit und seine scheinbar endlose Gelassenheit. Er soll auf die Frage, ob er sich überhaupt noch ärgere, gesagt haben, dass er sich natürlich auch einmal ärgere, jedoch nicht ärgerlich bleibe. Genau das möchte ich auch von mir sagen können."

Aktion

Erweitern Sie künftig jeden negativen Gedanken um eine positive Perspektive. Sie sitzen im Auto und ärgern sich über einen Stau. Sie denken: „Wie blöd, jetzt komme ich zu spät," und fügen hinzu: „Aber ich kann die Zeit nutzen, um mal fünf Minuten abzuschalten und an etwas Schönes zu denken oder meine Lieblingsmusik zu hören und laut mitzusingen."

Das kleine Wohlfühlbarometer

Der schnelle Blick aufs Wohlbefinden: Was haben Sie heute erlebt? Summieren Sie die „Ja"-Antworten und ziehen Sie die Negativ-Nennungen von der Zahl der positiven ab. Ihr Wohlbefinden dankt Ihnen Ergebnisse über 0.

Positiv

+ Auf das Wichtigste konzentriert
+ Gelacht
+ Dankbarkeit verspürt
+ Optimismus empfunden
+ Etwas Gutes für mich getan
+ Etwas zu Ende gebracht
+ Bewegung gehabt

Negativ

- Keine Pausen gemacht
- Negatives Gedankenkreisen
- Angst, zu versagen
- Selbstmitleid
- Mehreres gleichzeitig getan
- Unregelmäßig gegessen
- Zeitdruck gehabt

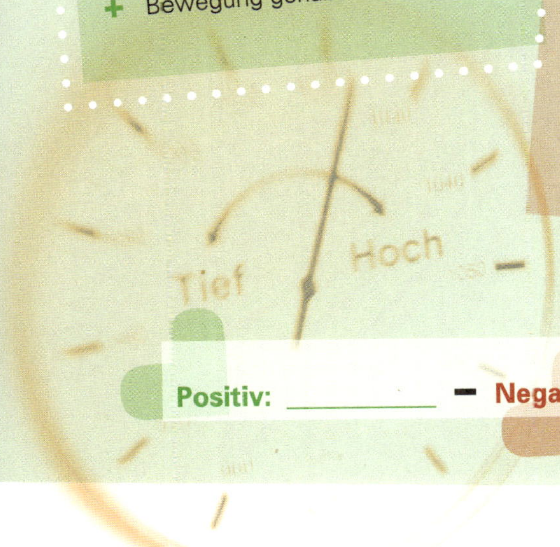

Positiv: ________ **–** **Negativ:** ________ **=** ________

2 Einfach mehr Wohlbefinden – die Grundlagen

„Glück“ und „Genuss“ gehören zu den am häufigsten verwendeten Begriffen der Gegenwart. Jeder wünscht sich diese Erfahrungen, doch kaum jemand lebt sie konsequent.

Fakt ist: Es gibt keine Geheimtipps für ein gutes, glückliches Leben! Ebenso wenig werden Sie hier über sensationelle Neuigkeiten staunen. Sie wissen doch alles längst, Sie tun es nur zu selten! Vielleicht, weil es zu umständlich scheint, zu langwierig oder zu unvorstellbar. Aber damit ist jetzt Schluss! Kommen Sie mit mir vom Denken ins Handeln!

Was Sie aus dem „Glückshype" lernen können

Ende der 90er-Jahre entwickelte sich in Amerika unter der Federführung des Psychotherapeuten Martin Seligman eine neue Richtung in der Psychologie. Bislang konzentrierte sich die traditionelle Psychologie auf Krankheiten, Defizite und Probleme. 70 Prozent aller Menschen sind aber nicht psychisch krank, sondern gesund wie Sie und ich und wollen einfach nur gut leben. Was machen glückliche Menschen anders, wie können wir uns mehr auf unsere Stärken konzentrieren, was sind Faktoren für Glück? – Das sind Fragen, wie sie die Positive Psychologie stellt und wissenschaftlich fundiert beantwortet. Die Frage nach dem Glück ist ja nicht neu. Alle Philosophen haben sich damit beschäftigt, ebenso Künstler und Politiker.

Auch gab es bereits seit den 70er-Jahren etablierte Coaching-Ansätze mit klarer Ausrichtung auf die in jedem vorhandenen Möglichkeiten, Potenziale und Chancen. Hier wurden allerdings eher die praktischen Erfahrungen erfolgreicher Therapeuten ausgewertet, wobei die fehlende wissenschaftliche Fundierung zur Verweigerung der Anerkennung durch die tradi-

tionelle Psychologie führte. Aus meiner Sicht besteht die Leistung der Positiven Psychologie darin, dies alles zusammenzuführen, zu untersuchen und damit zu objektivieren.

Zwar gibt es viel Kritik an den Studien der Positiven Psychologie, sei es, weil zu viele Faktoren die subjektiven Beurteilungen von Glück beeinflussen und den Gegenstand damit unscharf werden lassen. Sei es, dass es sich oft um Befragungen handelt, bei denen aktuelles Befinden oder Erwünschtheit eine Rolle spielen. Am Ende bleiben Daten übrig, die zumindest Hinweischarakter haben. Neues Wissen muss sich meist mühsam durchsetzen, doch ich finde, wenn wir uns am Ende alle etwas besser fühlen und damit auch die Welt ein bisschen besser machen, haben wir schon gewonnen. Der Psychologe Edward Diener von der University of Illinois sagte dem Sender BBC in einem Interview einmal, dass die glücklichen Teilnehmer seiner Studie im Durchschnitt neun Jahre länger leben.

Vom Glück zum Wohlbefinden

Martin Seligman ging zunächst davon aus, dass es drei Säulen für Glück gibt:

1. **Positive Gefühle, etwa durch gutes Essen oder gute Musik**
2. **Selbstverwirklichung in einer Leistung oder Beziehung**
3. **Bedeutung, also eine Art „höherer Sinn"**

Menschen, die in all diesen drei Bereichen Erfüllung finden, leben ein glücklicheres Leben. Das Ausmaß, in dem die Bereiche zum Glück beitragen, ist dabei individuell verschieden.

Mir gefällt auch noch folgende Rechnung:

$$\text{Glück} = \frac{\text{Summe der erfüllten Wünsche}}{\text{Summe der unerfüllten Wünsche}}$$

Dieser Ansatz macht mich darauf aufmerksam, dass wir umso glücklicher sind, je mehr wir sehen, was wir alles sind und haben, und je weniger Dinge es gibt, von denen wir annehmen, dass sie für unser Glück noch nötig seien. Ich habe jedes Jahr viele Ziele und verrenne mich manchmal dabei, hundertprozentig über mein Leben bestimmen zu wollen.Wenn ich dann etwas nicht erreiche wie gewünscht, verliere ich manchmal die Relation aus den Augen. Dann erinnern mich meine Freunde und meine Familie an all das Gelungene und Wertvolle. Denn eigentlich geht es um die richtige Balance zwischen selbstbestimmter Lebensorientierung und „das Leben geschehen lassen".

Auf die beiden Beobachtungen, dass sich „Glück" als Untersuchungsgegenstand schwer fassen lässt und dass eine Art „Glückszwang" entstanden ist, hat Martin Seligman reagiert und eine neue Theorie des „Wohlbefindens" etabliert. Wohlbefinden ist vorstellbarer, alltagstauglicher und lässt sich in seinen einzelnen Faktoren besser untersuchen.

Es ist wichtig, noch einmal festzuhalten, dass die Erforschung und Hinwendung zu positiven Emotionen nicht bedeutet, dass als negativ erlebte Emotionen wie Angst, Ärger oder Wut schlecht wären. Sie haben eine wichtige Hinweisfunktion, wenn etwas in der gegenwärtigen Situation oder im Leben allgemein nicht stimmt. Ziel ist weder, sie zu ignorieren, noch sie zu beseitigen, auch wenn sie unangenehm sind, sondern aus ihnen zu lernen, sie zu verstehen und die Schwerpunkte unseres Befindens selbst zu steuern.

Die Grundlagen des Wohlbefindens

Michael Eid lehrt an der Freien Universität Berlin „Positive Psychologie". In einem Interview mit der B.Z. am Sonntag gab er eine wertvolle Zusammenfassung der Erkenntnisse: Glück ist höchst individuell und hängt ab von der Persönlichkeit eines Menschen, seinen Zielen und Werten. Hinzu kommt die Aufmerksamkeit für die kleinen guten Momente, nicht nur für den Zieleinlauf nach einem Marathon. Mit dem Blick auf die kleinen Details gelingt es uns besser, ein Gegengewicht zu der Tendenz unseres Gehirns zu setzen, negative Emotionen und Erfahrungen bevorzugt zu speichern. Michael Eid betrachtet Geselligkeit, Gewissenhaftigkeit, einen hohen Selbstwert und Optimismus als wesentliche Voraussetzungen für Wohlbefinden. Zu guter Letzt: Mut wird auch immer „belohnt". Mut, sich den Herausforderungen zu stellen, und zwar solchen, die einen weder über- noch unterfordern. Meistern wir Dinge, bei denen wir uns etwas anstrengen, ist Zufriedenheit bzw. ein Glücksgefühl das Ergebnis. Wenn wir über uns hinauswachsen, etwas Neues probieren, schüttet das Gehirn Dopamin aus, und das tut richtig gut.

Grundlagen für Wohlbefinden:

Geselligkeit
Gewissenhaftigkeit
Hoher Selbstwert
Optimismus
Mut

Kurz und knapp: Es geht darum, unsere Geisteshaltung und unsere Wahrnehmung auszurichten. Dadurch, dass Sie Ihre Wahrnehmung auf die guten Dinge in Ihrem Leben, Ihren Beziehungen und Ihrer Arbeit lenken, investieren Sie in häufiges „kleines Wohlbefinden".

ich-mag-mich Veränderung

Welche Grundlage für Wohlbefinden spricht Sie besonders an?

....

....

....

Zu welchem Prozentsatz haben Sie diese Grundlage bereits in Ihren Alltag integriert?

.... %

Welche wollen Sie als nächstes Stück für Stück stärker in Ihr Leben einbeziehen?

....

....

....

Was wird Ihnen dabei leichter fallen, was vielleicht weniger leicht?

....

....

Eine passende Wochenaktion finden Sie im Tagebuch auf den Seiten 172–175.

Geben Sie sich die „Lizenz zum Wohlbefinden"

Bereits in den 1950er-Jahren setzte ein aus den USA kommender Trend ein, der sich zu einem Mega-Trend entwickeln sollte: der Run auf die Wellness (von engl. „Wohlbefinden"). Dem gegenüber stand 1974 die „Entdeckung" des Phänomens Burn-out (von engl. „ausbrennen") bei amerikanischen Krankenschwestern: ein Zustand der Erschöpfung durch stetige Überforderung.
Heute gehört beides ganz selbstverständlich zu unserem Alltag und bringt den Widerspruch, in dem wir leben, auf den Punkt: Wir haben alle Möglichkeiten, körperlich und seelisch gut drauf zu sein, und doch brennen wir nicht für uns und unser Leben, sondern brennen aus. Deshalb ist der erste Schritt in Richtung einer neuen Lebensweise die Erlaubnis dazu, es sich richtig gut gehen zu lassen und die eigenen Ziele zu erreichen.

Falls Sie sich fragen, ob das mit der Erlaubnis denn wirklich stimmt, möchte ich Ihnen die Forschung meines Kollegen Nico Rose vorstellen. Er untersuchte, worin sich Menschen unterscheiden, die ihre Ziele im Leben besser oder schlechter erreichen, und hat herausgefunden, dass es eine Art „Lizenz zum Glücklichsein" zu geben scheint. Eine innere Erlaubnis, sich überhaupt selbst verwirklichen zu dürfen! Offenbar besitzen einige Menschen diese Lizenz, andere nicht. „Lizenzinhaber" berichteten von einer zu 26 Prozent höheren Zufriedenheit. Sie sind besser mit sich im Reinen, haben stabilere Freundschaften und verdienen auch noch deutlich besser.

Menschen ohne diese Lizenz waren öfter innerlich zerrissen, weniger motiviert und konnten schlechter Entscheidungen treffen. Wichtig ist die Erkenntnis, dass die Motivation, also das Wollen, nicht allein den Erfolg bringt. Vielmehr entscheidet die emotionale Komponente. Das passt zu unseren Gehirnfunktionen. Dr. Rose kommt zu dem Schluss: „Man muss auch wollen dürfen." Solange Menschen unbewusst davon ausgehen, dass es ihnen nicht erlaubt ist, erfolgreich zu sein, beispielsweise aufgrund negativer Kindheitserfahrungen, wirken diese Annahmen als sich selbst erfüllende Prophezeiungen.

ich-mag-mich Veränderung

Welche Vorteile hätte Ihr stabiles Wohlbefinden für die Menschen in Ihrem Leben, privat und beruflich? (Wären Sie gegenüber Ihren Kindern gelassener? Bekäme Ihre Beziehung frischen Wind? Hätten Sie mehr Geduld mit Kollegen, die eine andere Arbeitsweise haben als Sie selbst? ...)

....

....

....

....

....

....

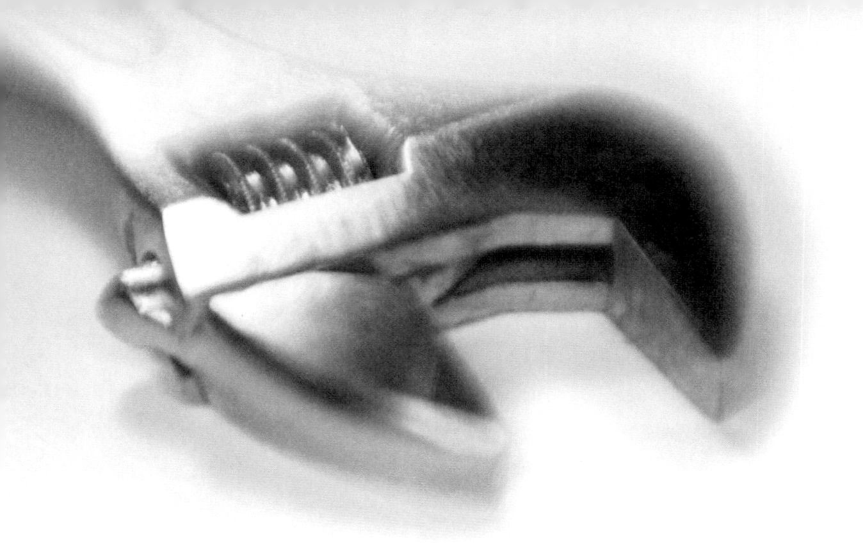

Schluss mit überflüssigen Reparaturen!

Zu unserer Erlaubnis für Glück, Wohlbefinden und Erfolg gehört auch, zu wissen, dass wir in Ordnung und liebenswert sind, so wie wir sind. Frank Kinslow, der Begründer der Quantenheilung, schreibt, dass die Menschen schon immer zwei Wege aus der vermeintlichen Unvollkommenheit gewählt haben: den äußeren und den inneren.

Die Menschen, die ein „äußeres" Leben führen, also etwa über Arbeit, Alkohol oder Besitz versuchen, ihr Befinden zu verbessern, wissen zumindest oft, dass das nicht funktionieren kann. Diejenigen, die – heute in wachsender Zahl – den „inneren", den spirituellen Pfad gewählt haben, nehmen oft an, dies sei der einzig richtige Weg zum Wachstum, zur Vollkommenheit. Probleme und Hindernisse werden als Zeichen des noch nötigen weiteren Wachstums interpretiert, bis die Vollkommenheit erreicht ist.

Dabei wird übersehen, dass beides nur zwei verschiedene Formen der Unzufriedenheit mit sich und dem eigenen Leben sind, und dass auch das Erreichen solcher „Wachstumsziele" keinen inneren Frieden bringen kann. Der innere Frieden ist in uns, wir spüren ihn nur nicht, weil wir mit ganz anderen Dingen befasst sind.

Vielleicht ist es tröstlich, zu wissen, dass das Älterwerden mit mehr positiven Gefühlen auf uns wartet.

Der Psychologe Arthur Stone von der Stony Brook University hat mehr als 340.000 US-Bürger zwischen 18 und 85 Jahren darüber befragen lassen, ob sie am Vortag traurig oder gestresst waren oder gelacht haben. Sorgen und Wut nahmen mit steigendem Lebensalter ab, Alltagsnöte traten im mittleren Erwachsenenalter bis etwa Anfang 50 am häufigsten auf. Fröhlichkeit und Glück begannen um das 50. Lebensjahr herum zu wachsen.

Wenn Sie nicht auf das Alter warten wollen, empfehle ich Ihnen, sich die Erlaubnis für Wohlbefinden, Zufriedenheit und Erfolg schon heute zu geben. Dies ist die Basis dafür, dass es Ihnen körperlich und geistig gut geht und Sie besser für sich sorgen. Daraus entsteht ein Kraftpotenzial, aus dem Sie schöpfen und mit Freude für sich und andere tun können, was zu tun ist. Was Sie mit Freude tun, wird leichter gehen, und was leichter geht, gelingt auch leichter.

Meine Lizenz

Die Erlaubnis zum Wohlbefinden ist eine Entscheidung für ein neues Leben. Diese Entscheidung macht den Unterschied. Am besten schließen Sie einen richtigen Vertrag mit sich darüber ab, damit Sie Ihre Entscheidung auch ernst nehmen. Er könnte etwa so aussehen:

Ich ....
(Name)

erteile mir heute ....
(Datum)

die unbegrenzt gültige Erlaubnis
zum bedingungslosen Wohlbefinden.

LIZENZ

....
(Unterschrift)

Schlafen Sie darüber und unterschreiben Sie morgen, wenn Sie das wirklich wollen.

Definieren Sie eine wohlwollende Beziehung zu sich selbst

Nachdem wir über die Erlaubnis für Zufriedenheit und Erfolg gesprochen haben, geht es nun um Ihre Einstellung zu sich selbst.

Stehen Sie in der Früh vor dem Spiegel und sind überzeugt davon, dass Sie ein Schatz sind, der an diesem Tag in die Welt geht? Intelligent, freundlich, liebenswert usw.? Wohl eher nicht. Denn in diesem Augenblick starten oft schon Gehirnmobbing und Selbstsabotage.

Oder beobachten Sie auch manchmal, wie gut es sich anfühlt? ein bisschen zu jammern oder in Selbstmitleid zu zerfließen. Wir haben das oft genug geübt. Und wie wir mittlerweile wissen: Unser Gehirn liebt Vertrautes. Was es kennt, wiederholt es gern – egal, ob es wirklich gut für uns ist.

Ganz besonders wichtig für unseren Alltag: Wir müssen uns klarmachen, dass uns unsere Emotionen viel stärker regieren als unser Wille. Emotionale, meist unbewusste Bewertungen sind viel schneller als die rationalen und steuern damit unser Tun als Erstes. Emotionshirn schlägt Ratio, wie bereits gesagt. Und Schmetterlinge im Bauch sind besser als Argumente und Statistiken. Aus diesem Grund spricht Werbung heute auch nicht mehr unser Wissen, sondern unsere Gefühle an, weil dort die Kaufentscheidungen am schnellsten getroffen werden.

Deshalb: Stoppen Sie künftig destruktive Gedanken über sich selbst. Loben Sie sich, denken und sprechen Sie gut über sich, entdecken Sie, was Ihnen guttut und tun Sie es täglich. Wenn alle Menschen ein Recht auf Sie, Ihre Fürsorge, Aufmerksamkeit und Wohlwollen haben, warum dann nicht auch Sie selbst?

Schreib's auf!

Erstellen Sie eine Liste dessen, womit Sie aufhören wollen, weil es Ihnen nicht guttut, wie Selbstvorwürfe, Überforderung oder Zweifel. Was führt Ihre Hitliste an? Worunter leiden Sie am meisten?

1. ....
2. ....
3. ....
4. ....
5. ....
6. ....
7. ....

Was löst diese Übersicht in Ihnen aus?

....

....

....

....

....

....

....

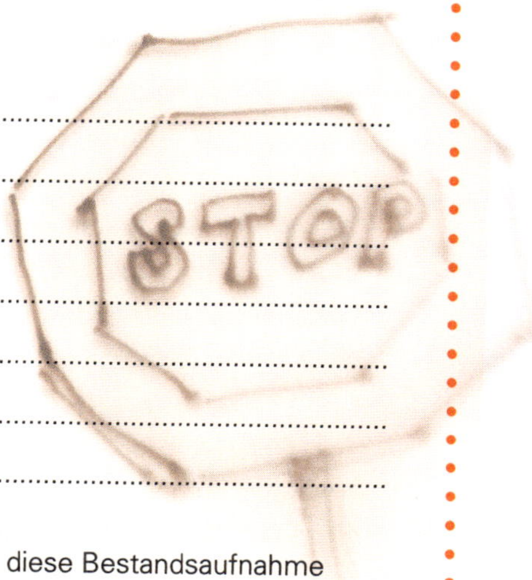

Vielleicht fühlen Sie sich schon allein durch diese Bestandsaufnahme gestärkt. Sie werden gerade aktiv und setzen als Nächstes Ihren Selbstquälgedanken etwas entgegen.
Am Ende finden Sie auch eine passende Wochenaktion im Tagebuch auf den Seiten 176–179.

Putzen Sie Ihr Gehirn regelmäßig

Und wenn es nun viel Unangenehmes in Ihrem Leben gab oder gibt? Nun, dann machen Sie doch öfter einen „Großputz fürs Gehirn".

Schätzen Sie doch einmal, wie oft Sie Ihr Auto oder sich selbst waschen, Ihren Garten pflegen oder die Wohnung putzen. Die meisten von uns werden mindestens ein Mal täglich irgendetwas davon tun. Warum? Weil wir überzeugt sind, dass dies richtig und notwendig ist, und wir uns damit wohler fühlen. So weit, so gut. Und wie oft machen Sie Großputz im Gehirn, reinigen Ihr Denken, probieren neue geistige Werkzeuge aus? Wir tragen alle so viele falsche Erwartungen, Ärger, Zweifel, Unsicherheiten oder Erlebnisse, die wir „nicht verzeihen können", mit uns herum. Sie haben sich im Lauf des Lebens zu richtigen Bergen angesammelt. In der Wohnung oder im Auto hätten wir längst „reinegemacht" oder einen Spezialisten zurate gezogen. Warum akzeptieren wir, dass uns negative Gedanken anhaften?
Mancher ist sich nicht einmal bewusst, wie viele negative Gedanken sich in ihm angesammelt haben. Dies wäre nicht so wichtig, wenn die Gedanken keinen Einfluss auf unser Leben hätten. Doch Angst lähmt, Sorgen und Zweifel halten uns von neuen Erfahrungen ab, und Unversöhnlichkeit schadet immer nur uns selbst. Wir tragen eine Last, die in die Vergangenheit gehört und die Gegenwart trübt.

Werfen Sie noch einen prüfenden Blick in den Spiegel und schauen Sie sich an. Strahlen Ihre Augen? Welchen Ausdruck nehmen Sie in Ihrem Gesicht war? Sorgen- oder Lachfalten, Bitterkeit oder Lust auf Leben? Wie sieht Ihr Körper aus? Gebeugt von den Lasten, die Sie tragen, oder frisch und aufrecht? Fühlen Sie sich kraft-voll oder kraftlos? Der Körper spricht eine klare Sprache, denn unsere Gedanken und Gewohnheiten prägen seine Form und seinen Zustand: Sie können auf den ersten Blick sehen, was für ein Leben jemand führt.

Der Einfluss von Gedanken auf Ihr Leben spiegelt sich auch in körperlichen Symptomen wider. Aus der Herzforschung ist beispielsweise bekannt, dass Herzkrankheiten mit negativen Gefühlen wie Wut oder Ärger verbunden sind. Vieles, was wir heute so schnell als „negativen Stress" bezeichnen, wird durch unsere Gedanken über uns und die Welt verursacht.

Holen Sie sich eventuell Hilfe für den Großputz! Dann gelingt es oft leichter, Perspektiven und Erwartungen zu verändern oder sich und anderen zu verzeihen. Eine neue Beziehung zu sich selbst bringt auch eine neue Beziehung zu anderen. Wenn wir uns mit uns wohlfühlen, gehen wir leichter und selbstverständlicher auf andere zu, und eine gute Beziehung zu anderen, basierend auf Liebe und Wertschätzung, gilt in der Positiven Psychologie als eine der wichtigsten Stützen unseres Wohlbefindens.

Nehmen Sie sich von nun an immer wichtig! Dann treffen Sie bessere Entscheidungen, und andere werden Sie auch wichtiger nehmen. Eine neue Einstellung zu entwickeln, heißt: Ich behandle mich selber so, wie ich von anderen behandelt werden will. Oder: Ich erkenne, was für mich gut ist, und richte mich danach. Kurzum: Die wichtigste Beziehung, die wir im Leben eingehen, ist die zu uns selbst. Investieren Sie von nun an hier als Erstes.

Mein ♡ Wissen

„Der Psychiater Spencer Johnson hat in* Eine Minute für mich *(es ist eines meiner Lieblingsbücher) den charmanten Hinweis gegeben: „Je süßer ich zu mir selbst bin, desto seltener bin ich sauer: auf mich selbst und die anderen."

Veränderung

Wie wollen Sie von anderen behandelt werden?

Was davon können Sie als Erstes sich selbst gegenüber umsetzen?

Stellen Sie sich beispielsweise vor, jemand würde all die negativen Dinge zu Ihnen sagen, die Sie selbst über sich denken. Wie würden Sie reagieren?

Legen Sie Ihr persönliches Ideal fest

Kürzlich ist mir klar geworden, wie unterschiedlich wir im Lauf unseres Lebens mit Zielen und Träumen umgehen. Wenn wir die Schule beenden, haben wir relativ viele klare Visionen. Wir wissen, ob wir studieren oder eine Lehre machen wollen, ob wir heiraten wollen oder nicht, uns ein Haus, Kinder oder Tiere wünschen. Später haben wir das dann mehr oder weniger erreicht und genießen die Früchte unserer Aufbauarbeit. Und dann? Dann ist plötzlich Schluss mit Visionen. Oder wissen Sie genau, wo und wie Sie mit 80 Jahren leben wollen? Deshalb folgt in diesem Kapitel die Einladung, wieder einmal richtig zu träumen. Wohin soll Ihr Leben führen? Nur wenn Sie Ihr ganz persönliches Ideal kennen, können Sie ermessen, wo Sie stehen, und die passenden Ziele entwickeln. Ohne Ideal kein Wohlbefinden. Nur wenn Sie wissen, welche Umstände ideal für Sie sind, können Sie auch etwas dafür tun und sie auch erreichen. Sie brauchen Ihren eigenen, einzigartigen Maßstab für Ihr Leben. Das Ideal ist die Richtung, bessere Entscheidungen sind die Konsequenz.

Wie finden Sie Ihre Ideale und Träume? Damit sind nicht die Tagträume gemeint, wenn wir irgendwo sitzen, unsere Gedanken abschweifen und wir unser nächstes Urlaubsziel vor Augen haben. Damit ist eher gemeint, sich Zeit zu nehmen und darüber nachzudenken: „Wie wäre es wenn …?“ oder: „Wäre es nicht schön, X oder Y zu sein oder zu haben …?“. Wichtig ist hierbei, die innere Stimme, die uns oft mit Bedenken und Zweifeln ausbremst, einmal in die Ferien zu schicken und einfach nur zu träumen. Ohne die Fragen: „Geht das?“, „Darf ich das?“, „Was werden die anderen denken?“ oder Ähnliches. Sonst werden die süßesten Pflänzchen gleich im Keim erstickt. Bedenken Sie: Nur weil Sie sich etwas noch nicht vorstellen können, heißt das nicht, dass es nicht geht. Und noch besser: Sollten Sie jemanden kennen, der das Ihnen ideal erscheinende Leben führt, dann wissen Sie, dass es gehen kann. Dann brauchen Sie nur noch Ihren Weg dorthin zu finden.

Aktion

Um an den Kern der eigenen Persönlichkeit zu kommen, verwende ich gern mit meinen Klienten eine „Matrix des Lebens" nach Kurt Tepperwein. Auf einer A4-Seite notieren Sie im ersten Viertel mindestens zehn Werte, die Ihnen ganz wichtig sind. Werte sind etwa Fairness, Mut, Geld, Freundschaft, Freiheit, Anerkennung … Im zweiten Viertel notieren Sie mindestens zehn Dinge, die Sie mit großer Freude tun, wie rechnen, dekorieren, zuhören, organisieren, anleiten, Tabellen gestalten usw. Im dritten Teil folgen mindestens zehn gute Eigenschaften und Talente, die Sie haben, wie freundlich, gewissenhaft, großzügig, schnell denkend, liebevoll, humorvoll usw. Im letzten Teil zeichnen Sie eine Tabelle mit drei Spalten (Werte | Das mache ich gerne | Eigenschaften) und vier Zeilen (Überschrift plus drei). Wählen Sie nun aus Ihren Aufzeichnungen pro Kategorie Ihre drei absoluten Lieblinge aus und tragen Sie diese dann hier ein. Das ist der Kern dessen, was Sie ausmacht, und wenn Sie diesem folgen, liegen Sie immer richtig.

Meine Werte:	Das mache ich gerne:	Meine Eigenschaften:
....	....	....
....	....	....
....	....	....

Das Optimum zergeht auf der Zunge wie die Lieblingsschokolade

Wir könnten auch sagen: So wie die Lieblingsschokolade schon allein in der Vorstellung Begeisterung auslöst, sollte es auch mit richtig guten Zielen oder Wünschen sein. Eine Art automatisches inneres „Mmhhmm". Testen Sie selbst. Was ist gerade Ihre absolute Lieblingsschokolade? Himbeere? Haselnuss? Kakaosplitter! Sie hören das sachte Knacken der Tafel, wenn Sie ein Stück abbrechen, riechen den Kakao, fühlen die knusprigen Splitter im Mund und spüren den zarten Schmelz der braunen Köstlichkeit. Ja, Sie fühlen körperlich, wie gut es Ihnen gehen wird. Lächeln Sie vielleicht sogar schon? Kein Wunder, diese Bilder entstehen reflexartig in unserem Gehirn, wenn sich die Sinne an bisherige Erfahrungen erinnern.

Bemerken Sie, dass Sie genau wissen, besser gesagt: fühlen, welche Sorte Sie besonders gerne mögen? Sie kämen nie auf die Idee, Schokolade mit Marzipan zu kaufen, nur weil Ihre Mutter sie gerne isst, oder Pfefferminz zu probieren, wenn Sie es überhaupt nicht mögen, nur weil es „in" ist.

Barbara Sher ist eine amerikanische Beraterin, die vorschlägt, einen idealen Tag zu entwerfen und dessen Bestandteile Schritt für Schritt umzusetzen. Ich habe diese Übung vor einigen Jahren entdeckt, als ich noch angestellt war. Damals wünschte ich mir, morgens Zeit zu haben, um Sport zu treiben, gemütlich zu frühstücken und zu lesen, und mich mittags mit interessanten Menschen zu treffen. Heute, als Selbstständige, habe ich einen Rhythmus, der dazu passt. Ich arbeite abends lange, starte morgens meine Arbeit ab 10 Uhr und habe Ruhe und Zeit für Dinge, die mir guttun. Es hat auch eine schöne Symbolik, den Tag gleich morgens mit Aufmerksamkeit für sich selbst zu beginnen. So komme ich in meinen Bestzustand, in dem ich dann für andere da bin. Mittags organisiere ich oft Netzwerktreffen oder Geschäftstermine mit interessanten Menschen.

Schreib's auf!

Schreiben Sie doch auch einmal ganz genau auf, wie Ihr idealer Tag aussähe – nicht unbedingt unter den jetzigen Umständen, sondern eben als Ideal. Wo und wann und mit wem würden Sie aufwachen, was zum Frühstück essen, welche Musik hören, was anhaben, was wie lange tun. In welcher Umgebung, mit welchen Menschen, wie viel und was würden Sie arbeiten? Wen treffen? Bis hin zur letzten Minute des Tages. Schreiben Sie aus dem Herzen.

Mein idealer Tag …

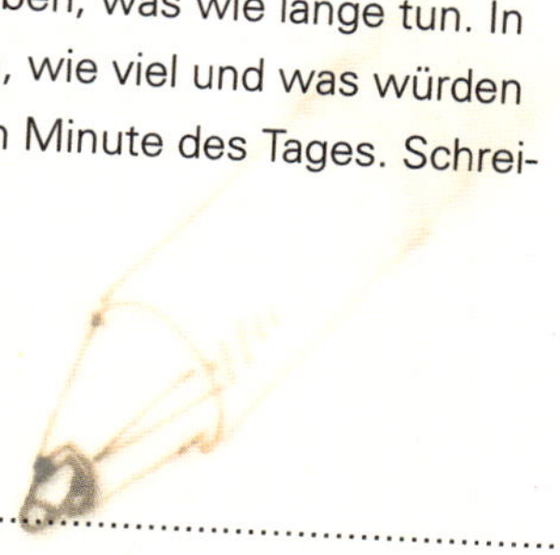

....

....

....

....

....

....

....

....

....

....

....

....

....

....

....

Schreib's auf!

Bei Karl Pilsl finden wir eine weitere Anregung, die ich Ihnen zum Träumen vorstellen möchte. Es ist die Frage: „Was haben andere davon, dass es mich gibt?" Was machen Sie auf ganz eigene Weise, welche Eigenschaften haben Sie, die Sie mögen und die Sie für Ihr eigenes Wohl und das Wohl anderer einsetzen können?

....

....

....

....

....

....

Falls Ihnen nicht gleich etwas einfällt: Fragen Sie doch einmal Ihre Freunde oder die Familie, was Sie besonders macht.

....

....

....

....

....

....

Bei diesen verschiedenen Perspektiven geht es um eines: dass Sie wieder kühn träumen, eingefahrene Denk- und damit Lebensmuster verlassen und Ihr Herz wieder einmal zu klopfen beginnt, bei dem Gedanken, sich auf den Weg zu machen.

Entscheiden Sie über Ihr Leben, sonst entscheidet es über Sie!

Die vielen Möglichkeiten und die große Flexibilität in unserer Gegenwart machen es zunehmend schwerer, sich festzulegen. Wir haben Sorge, etwas zu verpassen, nicht überall dabei zu sein, und dass noch etwas Besseres kommen könnte. Unser Gehirn funktioniert da in allen Lebensbereichen gleich. Wenn wir zu viele Marmeladengläser im Regal sehen, kaufen wir keines, und wenn wir einen Partner suchen und auf einer Webplattform von den Angeboten erschlagen werden, melden wir uns wieder ab oder hängen wie Süchtige am „Tropf der Möglichkeiten".

Viele Menschen haben sich mehr oder weniger bewusst gegen Ziele entschieden. Sie wollen der Intuition folgen, sich lieber dem Leben und dem Augenblick widmen.
Ich habe den Eindruck, dass viele einfach die Nase voll haben von Zielen, die sie nicht erreichen konnten. Sie haben genug von der Anstrengung, die damit einhergeht, wenn man etwas im Leben verändern möchte. Sie wollen nicht länger falschen Versprechungen oder Idealen folgen. Ich kenne das auch. Meine Erfahrung sagt mir jedoch, dass dies dann falsche

Ziele waren. Das sehen wir schon an der Anstrengung, die offenbar damit verbunden ist. Denn: Die passenden Ziele zergehen ja wie Schokolade auf der Zunge. Es ist außerdem bequemer, keine Ziele zu haben, denn dann müssen wir nichts ändern, uns nicht mal überwinden.

Doch – Achtung! Wir treffen jeden Tag ganz viele Entscheidungen. Und so kann es statt zur bewussten Ausrichtung des Lebens alternativ nur zur unbewussten Ausrichtung kommen, und die Konsequenz davon ist, dass wir lediglich reagieren, anstatt unser Leben selbst zu bestimmen. Wir haben dann den Eindruck, dass das Leben uns Steine in den Weg legt oder wir Gefangene der Lebensumstände sind. Wir vergessen dabei, dass wir selbst, manchmal schon vor vielen Jahren, Entscheidungen getroffen haben, die uns heute diese Ergebnisse liefern.

Bedenken Sie bitte, dass Sie sich dazu entschieden haben, den Beruf auszuüben, den Sie haben, Kinder zu bekommen oder nicht, ein Haus zu bauen oder nicht. Und wenn die Kreditraten drücken, dann ist das eine Folge dieser Entscheidung. Ich kann förmlich sehen, wie bei dem einen oder anderen von Ihnen jetzt die rote Lampe: „Ich bin also selber schuld!“ angeht. Aber nein, diese Erkenntnis hilft nur, sich klarzumachen, dass wir auf die Umstände, die das Leben liefert, reagieren und diese Reaktion den Grundstock legt für die nächsten Umstände, auf die wir treffen werden.

Schreib's auf!

Welche Ziele, die Sie schon einmal hatten, haben sich inzwischen geändert?

Welche haben Sie aufgegeben und warum?

Welche Ziele möchten Sie weiterverfolgen?

Wie Ihr Alltag bestimmt, wer Sie sind

Unser Gehirn verarbeitet in jedem Augenblick etwa eine halbe Million Informationen. Wir denken circa 60.000 Gedanken am Tag! Nur wenige davon nehmen wir explizit wahr, weil wir nicht darauf achten.

Diese Gedanken nennen wir „bewusst", weil sie uns zugänglich wären.
Anders ist es mit jenen Anteilen unseres Seins, die nicht bewusst sind, sich auch durch Fragen oder Nachdenken kaum erreichen lassen. Hierfür möchte ich den Begriff „unterbewusst" verwenden.
Unser Unterbewusstsein arbeitet 24 Stunden am Tag, es macht nie eine Pause. Informationen, Annahmen, Verhaltensgrundsätze usw., die einmal dort gelandet sind, bestimmen unbemerkt, was wir tun, wie wir reagieren. Denken Sie an Körpervorgänge wie die Regulation der Atmung oder der Verdauung. Sie widmen ihr keine Anstrengung, organisieren nichts, können Atem oder Verdauung nicht einmal willentlich zum Stillstand bringen.
Oder nehmen wir beispielsweise die Angst vorm Fliegen. Sie kann durch eine schlechte Erfahrung entstanden sein, oder Sie wissen vielleicht gar nicht, woher sie kommt. In jedem Fall werden Sie das Fliegen sein lassen und irgendwann ganz ohne nachzudenken mit dem Auto oder Zug fahren, wenn Sie verreisen.

Wie gelangt etwas ins Unterbewusstsein? Durch Wiederholung und Gewohnheit. Und: Je öfter wir etwas tun, desto besser werden wir darin. Dann fällt es uns leichter, und wir wiederholen es schon

allein deshalb, weil es uns leichtfällt. Die bereits erwähnte Anpassung der neurologischen Strukturen ist eine logische und fühlbare Konsequenz.

Mein ♥ Wissen

„Ein Beispiel aus meinem Leben: Ich habe kürzlich meine Büroräume renoviert und umgestaltet. Mein Arbeitszimmer liegt nun nicht mehr links vom Empfang, sondern rechts davon. Es hat Wochen gedauert, bis der in meinem Körper automatisierte Gang nach links aufgehört hat. Ständig lief ich mit Akten oder Teetasse nach links. Manchmal konnte ich darüber lachen, manchmal überwog die ein bisschen erschreckende Erkenntnis: Wenn etwas so Simples im Gehirn schon so schwer zu ändern ist, wie muss es dann erst bei größeren Dingen sein!"

Stellen Sie sich unsere Gedanken außerdem vor wie Echos: Von außen kommt die Reaktion darauf zurück, was wir ausgesendet haben. Denken Sie sorgenvoll an Geld oder Gesundheit, werden Sie sich auf die Sorgen konzentrieren, sich – oft unbewusst – passend verhalten und Sorgen produzieren. Wir bekommen eben nicht einfach das, wovon wir gern träumen, sondern zuerst einmal das, worauf wir unsere Aufmerksamkeit und Aktivität richten.

Wo fangen Sie am besten an?

Unsere tägliche Herausforderung heißt deshalb: Nur wenn wir etwas anders tun, können wir andere Resultate erzielen. Die Vergangenheit können wir nicht mehr umkehren. Wir können uns jedoch heute anders verhalten und damit eine andere Zukunft aufbauen.

„Nur wenn jemand beginnt, Dinge zu denken, die er bisher nicht gedacht hat, wird er eines Tages Dinge tun, die er bisher nicht getan hat. Und nur wenn er Dinge tut, die er bisher nicht getan hat, wird er Dinge erleben, die er bisher nicht erlebt hat."
Karl Pilsl

Jeder sagt heute leichthin: „Alles beginnt im Kopf!", doch wer investiert dort? Es ist scheinbar so einfach und anscheinend doch so schwer. Wir haben unseren Kopf immer bei uns, und doch lassen wir unsere Gedanken anscheinend mit uns machen, was sie wollen. Die Basis der Informationsverarbeitung des Gehirns sind die Erfahrungen unserer Biografie, der Geschichte unserer Familien und der Menschheit insgesamt. Diese sind manchmal schrecklich – denken Sie nur an all die Kriege und Hungersnöte.
Auch haben die Lehransätze der traditionellen Psychologie uns vorgegeben, dass es schmerzhaft und langwierig sei, in späteren Lebensjahren sogar aussichtslos scheine, uns selbst zu erkennen und zu verändern. Dies stimmt dank neuer Denk- und Coaching-Methoden nicht mehr.

Die Antwortet lautet daher: Fangen Sie an! Egal, wo oder wie, fangen Sie einfach an!

Das Schmetterlingsprinzip – die Kraft guter Gefühle

Wenn Sie sich für Ziele entscheiden, dann sind Ihre Ziele zwar nicht der Mittelpunkt der Welt, aber immerhin Ihrer Welt, und deshalb sollten sie optimal zu Ihnen passen.
Wir haben schon bei der „Lizenz zum Wohlbefinden" sowie der neuen wohlwollenden Einstellung zu uns selbst gesehen, dass das Leben eine sehr emotionale Angelegenheit ist. Es ist ein Irrtum zu glauben, dass wir nur wollen müssen, und dass mit Disziplin und guten Vorsätzen alles zu erreichen wäre. Diese Ideale sind gerade in unserer Kultur sehr verbreitet.
Doch Sie wissen ganz bestimmt aus eigenem Erleben, dass Sie Ziele, die Ihnen keinen Spaß machen, die Sie nicht mögen, kaum oder nur in schlechter Qualität oder für einen hohen Preis erreichen.
Geprägt werden wir von unseren Erfahrungen. Sie werden zur Be-

wertung dessen, was gerade geschieht oder was wir unternehmen wollen, immer automatisch herangezogen. Wollen Sie beispielsweise in diesem Frühjahr einen neuen Partner finden, wird Ihr Gehirn sofort alle Erfahrungen – bevorzugt die schlechten – und die dazu passenden Gefühle hochladen. Deshalb wird Ihre Suche von Zweifeln und Ängsten begleitet und die Vorfreude gedämpft. Sie befürchten, nicht zu gefallen, oder Sie haben Angst, dass es niemanden für Sie geben könnte oder Sie wieder enttäuscht werden. Es sei denn – Sie machen etwas anders, indem Sie Ziele formulieren, die sich besser anfühlen als „Partner finden“, beispielsweise „mit Schmetterlingen durchs Leben gehen“. Genau hier nützen Ihnen Ihre emotionalen Bewertungen von Zielen hervorragend. Sie prüfen damit, ob das Ziel passt, ob Sie Lust darauf haben oder ob noch etwas im Weg steht.

Schreib's auf!

Schauen Sie sich diejenigen Ziele, die Sie weiterverfolgen wollen, noch einmal an (siehe Seite 63). Prüfen Sie, welche Ziele Schmetterlingsgefühle in Ihnen auslösen: Strahlen Ihre Augen, wenn Sie daran denken? Hier hilft mal wieder ganz einfach der Blick in den Spiegel.

Schmetterlingsziel 1: ....

....

....

Schmetterlingsziel 2: ....

....

....

Schmetterlingsziel 3: ....

....

....

Kommen Sie durch die Kraft des inneren Lächelns vorwärts

Wenn wir uns sorgen, Angst haben oder uns ärgern, ist es viel schwieriger, Lösungen zu finden. Sie wissen ja: Das Emotionshirn schaltet das Denkhirn aus. Stattdessen konzentrieren wir uns auf die Sorge, das Problem und geben diesem damit richtig viel Energie. Es wird wachsen. Früher sagte man: „Wie man in den Wald hineinruft, so schallt es heraus." Heute sprechen wir von „sich selbst erfüllenden Prophezeiungen" bzw. vom „Nocebo(‚ich werde schaden')-Effekt". Profitieren Sie lieber vom Placebo(‚ich werde gefallen')-Effekt, indem Sie optimistische Erwartungen schaffen, sich mit attraktiven Bildern und Ideen befassen.

Diesen Aspekt des Einflusses der Emotionen auf unser Denken und Handeln setzen wir für unsere Ziele ein. Nehmen Sie sich dann Zeit, wenn alles läuft, und überlegen Sie, wohin Sie wollen. Warten Sie nicht, bis Lebensumstände Sie zwingen, sich neu zu definieren, sondern seien Sie einen Schritt voraus, träumen Sie kühn und neu! Hierbei ist es von großem Vorteil, wenn Sie in einem guten körperlichen und geistigen Zustand sind. Wenn es Ihnen gut geht, kommen Sie in den „Ich-schaff-das-Zustand“ und agieren aus diesem guten Gefühl heraus, anstatt aus Druck und Mangel.

Der Botenstoff Dopamin, der entspannt und froh macht, wird immer dann im Gehirn produziert, wenn wir etwas Neues und Überraschendes erleben. Und wenn dieses Tun wiederholt werden soll. Der Sinn des Dopamins liegt im Lerneffekt und Vorwärtskommen. Sein Gegenspieler ist unser Sicherheitsbedürfnis, die „Komfortzone“.

Wenn Sie etwas zum fünfzehnten Mal auf die gleiche Weise tun, wird es langweilig. In der Konsequenz haben große, kühne Ziele oder Ziele, die Ihren Handlungen einen Sinn geben, weit mehr Potenzial, Sie glücklich zu machen, als die kleinen Routineangelegenheiten.

Wollen Sie ganz schnell herausfinden, ob ein Ziel zu Ihnen passt? Dann verwenden Sie innere Bilder. Stellen Sie sich Ihr Ziel als schon erreicht vor. Schmücken Sie es mit allen Details aus. Unser Unterbewusstsein reagiert auf Bilder und Emotionen, nicht auf Zahlen und Worte, und benutzt diese als Navigationssystem für den weiteren Weg. Falls Sie kein Bild sehen, kann dies entweder ein Mangel an Übung oder ein Zeichen dafür sein, dass Ihr Ziel noch nicht zu Ihnen passt.

Die Bilder helfen Ihnen auch bei sofortigen Verhaltensänderungen. An der Universität Würzburg konnte gezeigt werden, dass Bilder, mit denen das Aufgeben des Rauchens visualisiert wird, das Suchtnetzwerk im Gehirn hemmen.

Aktion

An Ihre Intuition kommen Sie mit der „somatischen Markerdiagnostik“ (nach dem Hirnforscher Antonio Damasio und der Psychoanalytikerin Maja Storch) heran. Unser Körper meldet uns immer mit Körpersignalen, ob sich etwas für uns gut oder schlecht anfühlt. Diese sogenannten somatischen Marker sind etwa Bauchkribbeln, ein mulmiges Gefühl usw. Wir überhören dies in unserem hektischen Alltag leider oft. Nehmen Sie ein leeres Blatt, zeichnen Sie zwei senkrechte gleichlange Striche und beschriften Sie diese oben und unten je mit den Zahlen 0 und 100, eine der Skalen erhält ein Plus, die andere ein Minus. Das Ziel bildet die Überschrift für die Skalen. Fragen Sie sich – zur besseren Konzentration am besten mit geschlossenen Augen – wie viele (nicht welche!) gute Gefühle in Ihrem Körper entstehen, wenn Sie an Ihr Ziel denken. Setzen Sie bei der Zahl, die Sie fühlen, beispielsweise bei 65, einen Strich auf der Plus-Skala. Dann fragen Sie sich, wie viele negative Gefühle entstehen und setzen Sie den entsprechenden Strich auf der Minus-Skala. Bei Zielen, die gut zu uns passen, wird der Minuswert bei 20–30 oder darunter liegen, der positive Wert bei etwa 80 und darüber.

Falls Sie viele negative Gefühle empfinden, können Sie überlegen, wie sich Ihr Ziel ändern müsste, damit es besser zu Ihnen passt.

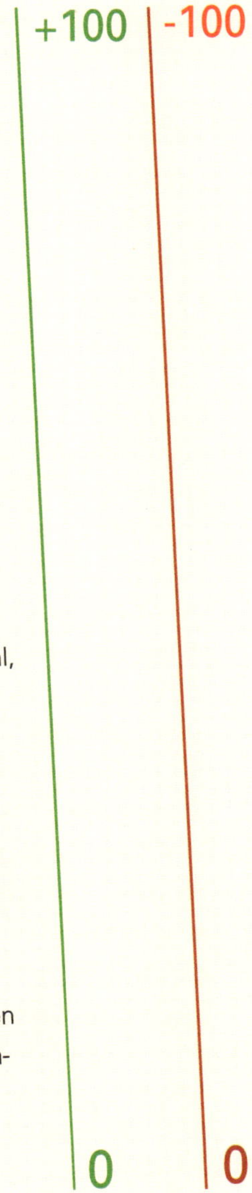

Werden Sie der beste Manager in eigener Sache

Wenn Ihre Ziele und Wünsche den Herzenstest bestanden haben, ist nun das Denkhirn wieder an der Reihe. Es braucht Zahlen, Daten, Fakten, und es liebt Klarheit. Legen Sie sich fest, was genau Sie meinen. Formulieren Sie konkret und so, als wäre das Ergebnis schon erreicht. Denken Sie schriftlich, denn dadurch schreiben Sie eine Art Regieanweisung in Ihr Gehirn.

Sie wissen vielleicht, dass sich unser Gehirn mit Verneinungen schwertut. Ich möchte Sie unbedingt darauf hinweisen, dass es keine „Nicht-Zustände" gibt. Es gibt Gesundheit, aber keine „Nicht-Krankheit". Oft wissen wir einfach gar nicht, was genau wir meinen. Ich erlebe es häufiger, dass Klienten Angst oder Unsicherheit loswerden wollen, aber keine Vorstellung davon haben, was dem folgen soll. Meine Lieblingsfrage an dieser Stelle ist immer: „Was stattdessen?". Was soll an die Stelle der Angst treten? Mut, Lebensfreude oder Vertrauen? Jedem Menschen sind andere Dinge wichtig. Sie kennen aus Ihrer Schulzeit bestimmt noch den Satz von der Energieerhaltung: Energie kann nicht verloren gehen. Sie kann jedoch umgewandelt werden, und dafür brauchen Sie klare Zielvorstellungen. Am besten trainieren Sie das schon im normalen Alltag. Beobachten Sie Ihre Sprache. Sie finden darin bestimmt viele „Nicht-Formulierungen". Ersetzen Sie diese immer wieder durch klare Aussagen, was stattdessen sein soll. Dann sind Sie fit, wenn Sie bei den Zielformulierungen angekommen sind.

Schreib's auf!

Bei welchem Ihrer Schmetterlingsziele von Seite 69 wäre die Umsetzung noch in diesem Jahr möglich? Wählen Sie hier Ihr Lieblingsziel aus. Halten Sie es während der nachfolgend beschriebenen Schritte gedanklich fest.

....

....

....

„Gewusst wie" gilt auch für Erfolgsstrategien

Der englische Wissenschaftler Richard Wiseman hat untersucht, wie Menschen vorgehen, die Ziele erfolgreich erreichen, und hat dies folgendermaßen zusammengefasst:

1. **Ziele im Präsens aufschreiben („ich bin …", „ich habe …", statt „ich werde …" oder „ich will …")**
2. **Einen Stufenplan entwickeln**
3. **Von den Zielen erzählen**
4. **Nachdenken, was sich positiv verändert**
5. **Teilziele finden**
6. **Fortschritt festhalten**

Zusätzlich stellte er fest, dass Vorbilder bei der Zielerreichung nicht helfen.

Michelle van Dellen von der University of Georgia sieht das jedoch anders. Sie zeigte, dass es hilft, an ein Vorbild zu denken, wenn wir uns auf eine bestimmte Weise verhalten wollen. Dabei reichen schon zehn Millisekunden. Es sollte jedoch ein uns nahestehender Mensch sein. Probieren Sie am besten selber aus, ob Vorbilder für Sie persönlich hilfreich sind. In jedem Fall sehe ich in meiner Praxis, dass es einem Unterstützung bietet, zu wissen, dass ein anderer Mensch schon einmal etwas geschafft hat, was man selbst auch schaffen möchte: „Wenn er oder sie das kann, kann ich das auch."

Mein Wissen

„Wenn Sie Vorbilder für Ihre Ziele nutzen wollen, sollten Sie sich ganz klarmachen, was genau Sie meinen. Ein „Ich möchte sein wie …" ist zu unkonkret, eventuell sogar gefährlich, weil Ihr Vorbild vielleicht Eigenschaften besitzt, die für Sie nicht gut wären. Ein Modell für meine Arbeit ist Hermann Scherer. Ich bin voller Hochachtung für sein Marketing, seine stilvolle, unabhängige und zu seiner Marke passende Weise, Bücher zu schreiben, und seinen brillanten Unternehmergeist. Was nicht zu mir passen würde, wäre die Arbeitsmenge, die er bewältigt. Hier gilt es, ganz klare Definitionen zu formulieren."

Wenn Sie Ihre Ziele (1.) formuliert und (2.) überprüft haben, wofür sie gut sind, sollten Sie der Realität liebevoll ins Auge sehen. Die Psychologin Gabriele Oettinger untersuchte an diesen Beispielen, am Lernen von Sprachen, am Finden von Arbeit und am Abnehmen, die beste Schrittfolge für die Zielerreichung. Ihr Modell nennt sich „Mentales Kontrastieren" und ist eines meiner Favoriten, weil es wissenschaftlich belegt und in der Praxis hundertprozentig wirksam ist. Dem Modell nach finden Sie (3.) heraus, welche Hindernisse in Ihnen der Zielerreichung entgegenstehen könnten. Meist kennen wir uns ganz genau und wollen nur nicht wahrhaben, warum wir bestimmte Dinge nicht tun.

Hindernisse werden auftauchen. Sind wir unvorbereitet, geben wir schneller auf. Träumen wir nur, ohne den Realitäts-Check zu machen, bleibt es oft beim Träumen und Hoffen, wir kommen nicht ins Handeln. Der Blick auf uns ist außerdem der einzig richtige, weil wir andere Menschen und viele Lebensumstände nicht ändern können. Uns selbst jedoch können wir ändern.

Lernen Sie aus Ihrer Vergangenheit! Hindernisse sind meist keine Unbekannten. Woran sind Sie schon einmal gescheitert, woran könnten Sie wieder scheitern? Die Themen sind ganz individuell, sie reichen beispielsweise von Selbstzweifeln, schlechten Erfahrungen über Trägheit und Gewohnheiten bis hin zu Überforderung oder falschen Prioritäten.

Der nächste Schritt ist eine Entscheidung (4.). Wollen Sie wirklich loslegen, wenn Sie die Vorteile Ihres Ziels und die Hindernisse auf dem Weg dorthin gegenüberstellen? Bitte bedenken Sie – ein „Nein" kann eine kluge Entscheidung sein, wenn der Zeitpunkt nicht passt. Dann verschwenden Sie keine Energie auf etwas, was sowieso nicht klappen wird. Wenn Sie „Ja" sagen, sagen Sie es von ganzem Herzen. Kein „versuchen", kein „mal sehen", sondern: „Ja, ich tue, was nötig ist, um dieses Ziel zu erreichen".

Machen Sie nun Pläne, die zu Ihnen passen (5.). Was ist zu tun, was ist nötig, um das Ziel zu erreichen? Wie können Sie auftretende Hindernisse umgehen oder damit klarkommen? Sammeln Sie die einzelnen Punkte und entwickeln Sie Ihre persönliche Strategie. Große Ziele werden in Teilziele zerlegt, denken Sie auch an Unterstützung für sich. Und fragen Sie immer wieder Ihr Herz, Ihre Intuition, ob sich das, was Sie planen, gut anfühlt. Testen Sie, wie ernst es Ihnen mit Ihren Zielen ist, indem Sie darüber sprechen. Wenn Sie dies tun, glauben Sie schon einmal selbst daran, dass Sie es schaffen, sie zu erreichen, und die Verbindlichkeit wird größer.
Hier kommt noch ein kleiner Trick, der auch mit Schokolade ganz gut funktioniert: Das Emotionshirn liebt Belohnungen und wird alles daransetzen, sie zu bekommen. Also belohnen Sie sich oft und reichlich, vor allem auch schon für kleine Erfolge.

Den Abschluss (6.) Ihrer Zielerstellung bildet der berühmte „erste Schritt". Papier ist geduldig, doch die Praxis entscheidet. Überlegen Sie, was ein erster kleiner Schritt sein könnte, den Sie schon heute, spätestens morgen gehen. Im Coaching sagen wir: Was nicht binnen 72 Stunden begonnen wurde, ist verloren. Stichwort: Gute Vorsätze zum neuen Jahr.

Schreib's auf!

Schauen Sie sich noch einmal Ihr noch in diesem Jahr zu erreichendes Schmetterlingsziel von Seite 72 an und wenden Sie die gerade beschriebene Optimierungstechnik darauf an:

Ziel formulieren: ....

....

....

Vorteile der Zielerreichung: ....

....

....

Innere Hindernisse erkennen: ....

....

....

Bewusste Entscheidung für das Ziel: ....

....

....

Entwicklung einer persönlichen Strategie zur Zielerreichung: ....

....

....

Der erste Schritt: ....

....

....

Beim Loslegen hilft ein Tagebuch, in dem Sie Ihre Erfolge notieren. So verfestigt sich neues Tun und Denken.
Unser Gehirn braucht zwischen dreißig Tagen und drei Monaten, um Neues als vertraut zu empfinden und eine neue – gute – Gewohnheit daraus zu machen. Dann haben Sie es geschafft und denken gar nicht mehr darüber nach, ob und wie Sie etwas tun. Das beste Beispiel ist das Zähneputzen. Einmal gelernt, ist es ein Bestandteil unseres Alltags, den wir gar nicht mehr infrage stellen.

Sie werden dann den Besuch im Fitness-Studio im Kalender eintragen und wirklich hingehen. Sie werden Ihre Gewohnheiten auf Ihre Ziele abstimmen und können sich immer wieder fragen: „Was muss ich tun oder lassen, damit ich mein Ziel erreiche?" Konzentrieren Sie sich auf das Wesentliche. Entrümpeln Sie den Kopf, den Keller, den Kühlschrank und den Schreibtisch, damit Platz für neues Verhalten und Wohlbefinden frei wird.

Es ist übrigens gut belegt, dass glückliche Menschen gesünder sind. Man könnte daher davon ausgehen, dass Glück zu Gesundheit führt. Das hat sich aber nicht in allen Studien erwiesen. Eine gute Arbeit, Fortbildung, Liebe und gute Beziehungen zu anderen Menschen führen zu Gesundheit und darüber vielleicht zu Glück. Bedenken Sie daher alle Bereiche Ihres Lebens, wenn Sie Ideale und Ziele für Ihr neues Leben mit Wohlbefinden und Selbstbestimmung festlegen.

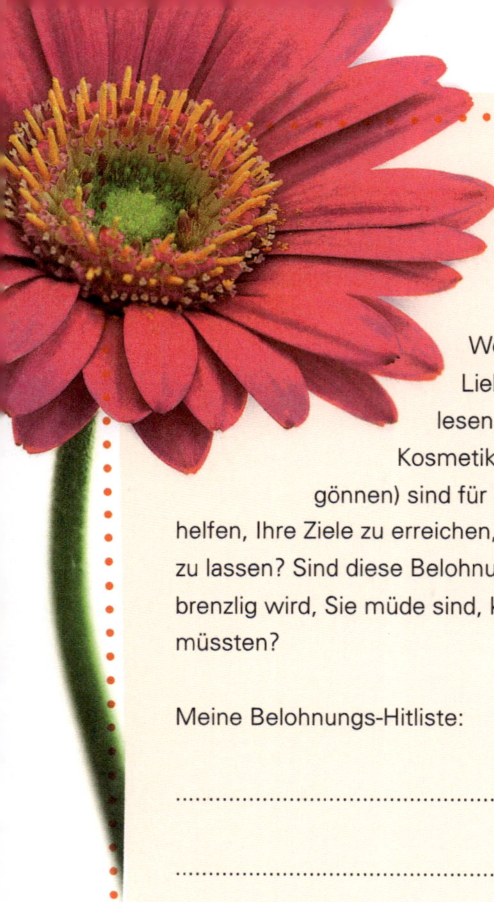

Schreib's auf!

Welche Belohnungen (wie Blumen kaufen, Lieblingsmusik hören, eine Modezeitschrift lesen, ein neues Sportshirt kaufen, Zeit für Kosmetik nehmen, sich einen Café Latte extra gönnen) sind für Sie richtig attraktiv und können Ihnen helfen, Ihre Ziele zu erreichen, etwas Neues zu tun oder etwas Altes zu lassen? Sind diese Belohnungen auch attraktiv genug, wenn es brenzlig wird, Sie müde sind, keine Lust haben oder früher aufstehen müssten?

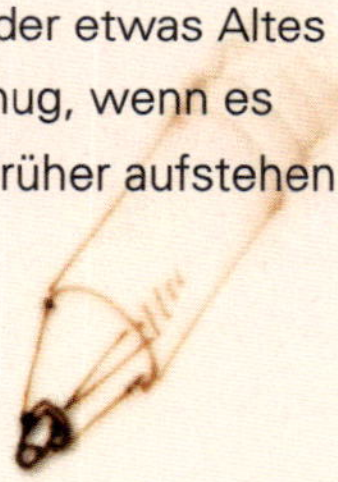

Meine Belohnungs-Hitliste:

Das kleine Wohlfühlbarometer

Der schnelle Blick aufs Wohlbefinden: Was haben Sie heute erlebt? Summieren Sie die Ja-Antworten und ziehen Sie die negative Zahl von der positiven ab. Ihr Wohlbefinden dankt Ihnen Ergebnisse über 0.

Positiv

+ Auf das Wichtigste konzentriert
+ Gelacht
+ Dankbarkeit verspürt
+ Optimismus empfunden
+ Etwas Gutes für mich getan
+ Etwas zu Ende gebracht
+ Bewegung gehabt

Negativ

- Keine Pausen gemacht
- Negatives Gedankenkreisen
- Angst, zu versagen
- Selbstmitleid
- Mehreres gleichzeitig getan
- Unregelmäßig gegessen
- Zeitdruck gehabt

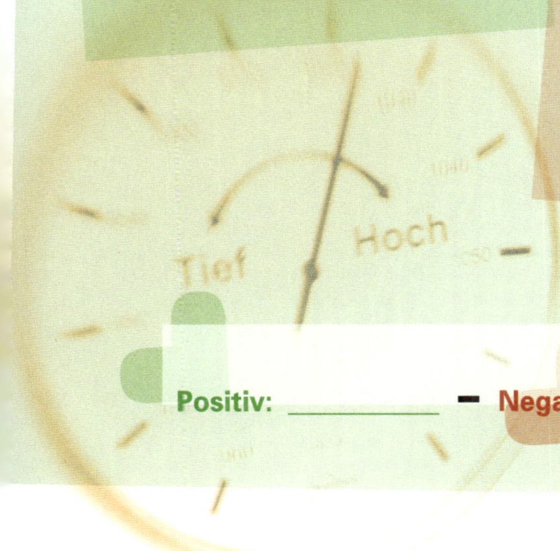

Positiv: ________ – **Negativ:** ________ = ________

3.

Wohlbefinden für jeden Tag – die Praxis

Auch hier im Praxisteil werde ich Ihnen keine Überraschungen bescheren, keine Geheimnisse offenbaren. Oder doch? Die Lösung besteht darin, Ihr Wissen zu leben. Jetzt. Erst die konsequente Umsetzung Ihrer Lieblingsideen bringt den spürbaren Unterschied für ein konstantes beziehungsweise größeres Wohlbefinden.

Werden Sie vom Kenner zum Macher

Ich höre in meiner Arbeit als Coach und bei Vorträgen häufig: „Das kenne ich schon" oder: „Das war ja nichts Neues".
Dabei gibt es verschiedene Aspekte zu bedenken. Zum einen sucht unser Gehirn immer nach Bekanntem, weil alles andere verunsichert. Wird Bekanntes gefunden, fühlen wir uns bestätigt. Umgekehrt nehmen wir Unbekanntes gar nicht wahr oder lehnen es ab und müssen es immer wieder hören oder erleben, bevor wir es akzeptieren.

Die Anwendung ist das Zünglein an der Waage

Außerdem – und noch viel wichtiger – haben wir doch den Kopf schon voller Wissen, voller Coaching-Techniken, Gehirnforschung, Zitate und Faustformeln für ein gutes Leben. So wie früher Kalorien und Fettaugen gezählt wurden, trainieren wir heute, positiv zu denken und gelassen durchs Leben zu gehen. Doch wie schon bei Kalorien und Fetten ist es mit dem Wissen allein nicht getan.

Schreib's auf!

Was haben Sie in Ihrem Leben schon einmal mühelos oder mit wenig Aufwand erreicht?

Wie genau ging das? Was haben Sie getan oder unterlassen?

Hatten Sie Hilfe, oder welche Umstände taten dem Erfolg gut?

Mein Vorschlag lautet deshalb: Statt sich die x-te Strategie oder das x-te theoretische Konzept durchzulesen oder anzuhören, sollten Sie ein einzelnes bekanntes Konzept, eine einzelne Idee, heranziehen und es umsetzen. Fangen Sie damit an, sich mit sich selbst zu verabreden. Egal, ob Sie Zeitmanagement oder innere Gelassenheit üben wollen, Sie brauchen erst einmal Zeit und Raum für Vorüberlegungen. Ich kenne kaum Menschen, die sich mit ihren Erwartungen und Wünschen explizit befassen, sich hinsetzen, für Ruhe sorgen und einfach einmal denken und fühlen, „was Sache ist". Wenn Sie eine einzelne Anregung ausgewählt haben, setzten Sie diese konsequent um. Wenn Sie etwa ein Erfolgstagebuch schreiben wollen, dann tragen Sie nicht ab und an etwas ein, sondern täglich. Oder wählen Sie ein Monatsmotto. Sie könnten beispielsweise jeden Morgen mit der wichtigsten Aufgabe beginnen oder einen Monat lang keine negativen Bewertungen abgeben. Meisterschaft und Erfolg beginnen immer mit einem „kenne ich" oder „weiß ich", dem ein „kann ich und mache ich" folgt. Die Krönung ist, wenn Sie zum Vorbild dessen werden, was Ihnen wichtig ist. Dann leben Sie es und haben es erreicht. Dann „kennen" Sie es wahrscheinlich gar nicht mehr, weil es zu einer unbewussten Gewohnheit geworden ist.

Es lohnt sich, eine „Hitliste" zu erstellen und die viel zitierten Prioritäten zu setzen. Ehrlich zu sich selbst zu sein, ist dabei die Herausforderung, denn jedes Ziel Ihrer Liste ist wichtig. Probieren Sie, auch wenn es unmöglich zu sein scheint, ein Gesundheitsziel mit einem Liebesziel oder ein Geldziel mit einem Familienziel bezüglich seiner aktuellen Wichtigkeit für Sie zu vergleichen. Wir lernen hierbei sehr viel über das, was uns wirklich wichtig ist. Sie entscheiden sich sowieso in Übereinstimmung mit den „inneren Hitlisten". Nur eben nicht bewusst. Wenn Sie Ihre Prioritäten kennen, können Sie großzügiger mit sich sein. Sie haben dann vielleicht eher Verständnis dafür, dass Sie, während Sie ein Haus bauen, nicht auch noch promovieren können, oder wenn Sie sich beruflich fortbilden, es nicht schaffen, nebenbei auch noch abzunehmen. Die Konzentration auf Ihre wirklichen Bedürfnisse wird Ihnen viel Kraft, Zeit und Geld für Fehlversuche sparen, und vor allem – Sie fangen wirklich an!

Schreib's auf!

Doppel-Check: Gibt es irgendein anderes Ziel, das mit der Erfüllung Ihres Lieblingsschmetterlingsziels kollidieren könnte? Arbeiten Sie vielleicht gerade auf Hochtouren (und zu viel) an einem beruflichen Projekt, um wirklich regelmäßig Sport treiben zu können, oder sind Ihre Kinder gerade in die Schule gekommen und ist die Suche nach einem neuen Job daher momentan unrealistisch?

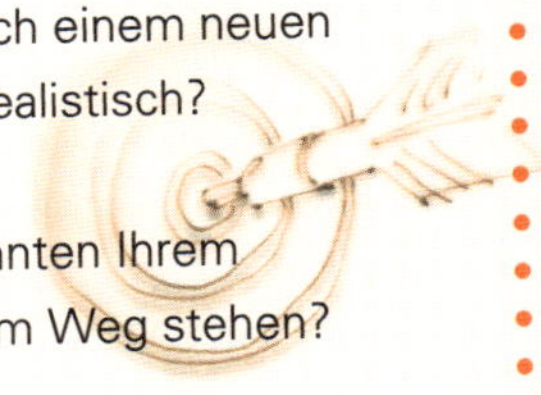

Welche anderen Ziele könnten Ihrem Hauptschmetterlingsziel im Weg stehen?

....

....

....

....

....

....

....

....

Machen Sie sich noch einmal bewusst, wo Ihre Prioritäten gerade liegen. Die Aktion im Wochentagebuch auf den Seiten 196–199 wird Sie dabei unterstützen, wirklich den ersten Schritt zu tun.

Die besten Lösungen zum Erreichen Ihrer Ziele kommen immer von Ihnen selbst. Wie zum Beispiel das gute alte Kalorienzählen, kann das Konzept, das Ihre Kollegin oder Schwester super vorwärtsgebracht hat, für Sie ebenso gut passen – oder auch nicht. Wenn es nicht zu Ihnen passt, wird Ihnen auch die regelmäßige Anwendung nichts nutzen. Genauso ist es mit allen mentalen Techniken. Es gibt Grundprinzipien, doch Ihre Individualität steht über allem. Vertrauen Sie ruhig darauf, dass Sie das Richtige für sich finden und tun.

Mit neuen Denkroutinen zu nachhaltigem Wohlbefinden

Wissen Sie noch, wie Sie früher etwas gelernt haben, eine Sprache oder einen Tanzschritt oder die Bezeichnung von Motorteilen für die Fahrprüfung? Genau: wiederholen, wiederholen, wiederholen. Hier haben wir sie wieder, die neuronalen Verknüpfungen zwischen unseren Nervenzellen, die geschaffen werden müssen, bevor etwas Neues zur Routine wird.

Mein ♥ Wissen

„Ich lerne seit einigen Jahren Dänisch. Mal mit einem Lehrer, mal mit Hörbüchern, mal im Web. Der Haken daran ist, dass ich es nicht oft genug anwende, weil ich lieber auf Englisch ausweiche, was ich besser kann. So hatte ich – zum Teil wochenlange – Pausen bei der Anwendung, mit der Konsequenz, dass ich kaum Fortschritte erzielte. Erst seitdem ich mir angewöhnt habe, jeden Abend einige Seiten in dänischen Zeitschriften zu lesen, werde ich besser."

Wohlbefinden trainiren

Für jede Verhaltensänderung in Richtung Wohlbefinden, erst recht für jede Änderung von Denkgewohnheiten, spielt auf neuronaler Ebene neben den besprochenen Wiederholungen der Stellenwert der Angelegenheit für uns selbst eine wichtige Rolle. Beide prägen Einstellungen und Erwartungen und damit die Wahrnehmung. Bedenken Sie dabei, dass wir permanenten Einflüssen von außen unterliegen.

Stellen wir uns folgendes Szenario vor: Sie sind selbstständig und haben einen kleinen Büroservice. In der Zeitung lesen Sie täglich über die Wirtschaftskrise, im Fernsehen hören Sie, dass es in Ihrer Region immer mehr Arbeitslose gibt. Ihre Eltern haben Ihnen immer schon gesagt, mit Schreiben könne man kein Geld verdienen, und Ihr Partner findet Selbstständigkeit sowieso viel zu unsicher. Da haben Sie ganz schön gegenzusteuern, um kühne und attraktive Umsatz-, Kunden- und Auftragsvisi-

onen zu haben und daran festzuhalten. Viele Ratgeber empfehlen deshalb, die eigenen Ziele immer wieder von Neuem zu lesen oder die guten Argumente für unsere Ziele fortlaufend aufzuschreiben.

Wenn Sie seit vierzig Jahren zweifelnd durch die Welt gehen, werden Sie wahrscheinlich nicht über Nacht vom Skeptiker zum Optimisten. Wir haben unsere Denkmuster sehr früh und völlig unbewusst gelernt – von unseren Familien und unserer Umgebung. Als kleine Kinder stellen wir nichts infrage. Unsere Anpassung sichert unser Überleben in der Umwelt, in die wir hineingeboren werden. Als Erwachsene sollten wir unsere Denkmuster jedoch hinterfragen, vor allem, wenn wir uns mit uns und unserem Leben nicht völlig wohlfühlen. Denn was wir denken, steuert, was wir tun, und das wiederum was wir erleben. Spontane Wellnessaktionen sind wunderbar, ebenso, eine neue Sportart auszuprobieren oder mal für einen Tag so zu tun, als wäre man reich. Für Nachhaltigkeit im „Sich-besser-Fühlen" sorgt das jedoch noch nicht. Dafür muss Neues zur Gewohnheit werden.

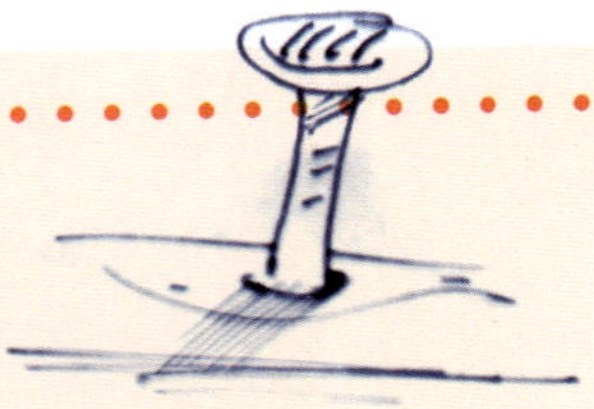

Schreib's auf!

Was ist Ihnen heute alles gelungen? Lenken Sie Ihre Aufmerksamkeit auf löbliche kleine und große Begebenheiten des Tages (in der Arbeit, zu Hause, unterwegs, beim Sport …).

....

....

....

....

....

Der geistige Wohlbefindens-Werkzeugkasten

Nutzen Sie bewährte Techniken, die Ihnen bei Ihren Veränderungen helfen. Warum sollten wir nicht für unsere geistigen Werkzeuge auch von anderen Menschen oder von Profis lernen, so wie es bei der Gartenarbeit oder beim Kochen für uns ganz selbstverständlich ist?

Wenn Sie sich entschieden haben, sich selbst wichtiger zu nehmen und sich erlauben, dass es Ihnen richtig gut gehen darf, benötigen Sie zu dieser Grundhaltung passende Alltagsstrategien.

Denken Sie mit Freude und bei vielen Gelegenheiten an Ihre Ziele. Die Ziele sollten kühn sein, damit Sie eine kleine Herausforderung haben, die Ihr Gehirn mit dem Botenstoff Dopamin und einem tollen Gefühl belohnt. Sie sollten aber auch darstellbar sein, notfalls mittels vieler Teilziele. Nehmen Sie ein schön gemachtes Weiß-Buch oder eine Tabelle zum Notieren und Überarbeiten. Treffen Sie sich mit Gleichgesinnten, sammeln Sie Sprüche und Fotos, die zu Ihren Visionen und Zielen passen.

Es ist hilfreich, doch nicht alles entscheidend, dass Ihre Ziele „perfekt" formuliert sind. Wir haben die Kriterien im vorigen Teil erarbeitet. Viel wichtiger ist, dass Sie sich überhaupt damit befassen. Je angenehmer Sie das für sich gestalten, umso öfter werden Sie es wirklich tun.

Aktion

Basteln Sie eine Collage, die zu Ihrem Schmetterlingsziel passt (siehe Seite 72) und Sie auf ganz unterschiedliche Weise daran erinnert. Kleben Sie Fotos auf und Notizzettel mit einprägsamen und prägnanten Zitaten. Sie können auch Dinge dazuzeichnen oder vielleicht einen Liedtext aus einem Ihrer Lieblingssongs dazuschreiben.

Erforschen Sie, was Ihnen Freude bereitet und warum Sie bestimmten Dingen hinterherjagen. Oft geht es gar nicht um diese selbst, sondern darum, was wir damit zu erreichen glauben, also etwa über ein schickes Auto Anerkennung zu gewinnen oder Bewunderung für tolle Reisen, die wir unternehmen.

Wenn sich Menschen schon mit 50 auf den Ruhestand freuen, dann wohl deshalb, weil sie ihre Arbeit nicht mögen und endlich Dinge tun wollen, die sie mit Freude tun. Das ist eindeutig eine Form der Lebenszeitverschwendung!

Umso schmerzlicher ist es dann, wenn wir aus diesem Traum erwachen und der Arbeitsplatz, den wir sicher glaubten und für den wir uns deshalb viel abverlangt haben, weg ist – oder auch die Gesundheit. Im schlimmsten Fall beides.

„Welche Belohnung rechtfertigt es, dass man die besten Jahre seines Lebens damit verbringt, auf das Glück während der letzten Jahre zu hoffen?“
Timothy Ferriss

Anerkennung, Wertschätzung und Lob von anderen zu erhalten – solche Ziele erreichen Sie am ehesten, wenn Sie sich all dies zuerst einmal selbst schenken. Es kann durchaus sein, dass wir uns Lob und Anerkennung deshalb wünschen, weil wir als Kinder nicht genug davon bekommen haben. Ganz typisch dafür ist, dass wir uns später dann die Anerkennung vom Chef wünschen. Apropos Vergangenheit: Die Psychologen um Jia Wei Zhang und Ryan T. Howell am Department of Psychology der San Francisco State University haben herausgefunden, dass unsere Haltung zur Vergangenheit unser Wohlbefinden in der Gegenwart in höherem Maß bestimmt als beispielsweise die Erwartungen hinsichtlich der Zukunft. Sie fanden eine geringere Lebenszufriedenheit bei Menschen mit negativem Vergangenheitsbild und eine höhere bei denen mit einem positiven.

Schreib's auf!

Sie könnten Ihr Wohlbefinden dadurch positiv beeinflussen, dass Sie vergangene gute Erfahrungen gedanklich wiederholen, sich bewusst daran erinnern und erfreuen. Sie können negative Denkmuster mithilfe eines anderen Bezugssystems oder von Vergebung durchbrechen.

Welche guten Erfahrungen haben Sie in der Vergangenheit gemacht?

....

....

....

....

....

....

....

....

Für die Gegenwart zählt: Dasselbe Ereignis hat für jeden von uns eine andere Bedeutung. Üben wir, in jeder Situation beide Seiten zumindest zu betrachten: Fehler und Probleme, aber auch Optionen und Lösungen. Das fühlt sich nicht nur besser an, sondern bringt langfristig natürlich auch andere Ergebnisse. An dieser Stelle sei wieder daran erinnert, dass es nicht um das Beseitigen oder Ignorieren negativer Emotionen geht. Es geht auch nicht darum, so zu tun, als wären wir glücklich, wenn wir gerade schlecht drauf sind. Unser Körper ist da immer ein guter Spiegel, er signalisiert sofort, ob eine Situation für uns passt oder nicht. Diese Hinweise des Körpers, die „somatischen Marker", gilt es feinfühlig wahr- und auch entsprechend wichtig zu nehmen.

Praxistipps für neues Denken

1. Die Basis neuer Denkroutinen sind die neuen Prioritäten und die Entscheidung, womit wir uns wie lange und wie oft befassen. Wenn Sie in Gedanken immer wieder jemandem dieselben Vorwürfe machen und sich dabei endlos über etwas längst Vergangenes aufregen, ist dies destruktiv, und es gilt deshalb, „stopp!" zu sich zu sagen. Wenn Sie hingegen Angst wahrnehmen, lohnt es sich hinzuschauen, was gerade passiert und worauf Sie dieses Gefühl hinweist.

2. Unterstützung finden wir in den Erkenntnissen der Glücksforscher um Martin Seligman. So wurden aus 24 klassischen Tugenden, die zum Wohlbefinden beitragen, die drei stärksten ermittelt. Es sind Hoffnung, Dankbarkeit und Neugier. Hoffnung und Neugier treten sofort an Ihre Seite, wenn Sie Ziele definieren. Etwas zu lernen und etwas Neues auszuprobieren, sind weitere Wege, um die Neugierde anzuregen und Glückshormone freizusetzen.

Schreib's auf!

Schreiben Sie drei Dinge auf, für die Sie in Ihrem Leben ganz allgemein dankbar sind, und einen kurzen Kommentar, weshalb. (Machen Sie zur Festigung nach der Lektüre des Buches auch die Dankbarkeitswochenübung im Tagebuch-Teil auf den Seiten 180–183.)

1. ....
2. ....
3. ....

....

3. Außerdem trägt wirkungsvoll zum Wohlbefinden bei:

- das eigene Leben selbst in die Hand nehmen
- hinter dem stehen, was wir tun
- sich mitfreuen
- wenn nötig, Abstand halten – innerlich und äußerlich von Dingen und Menschen, die uns nicht guttun
- das Glück des Augenblicks auskosten
- sich fernhalten von Klatsch und Gerüchten
- Medienkonsum bewusst steuern

4. Die Psychologin Barbara Fredrickson hat herausgefunden, dass Gesundheit und Wohlbefinden einen langfristigen täglichen Quotienten von 3:1 benötigen. Das heißt, für ein Mal sich ärgern oder traurig sein sollte ein Ausgleich von drei angenehmen Gefühlen wie Dankbarkeit, Wertschätzung oder Freude erfolgen. Im großen Wohlfühlbarometer können Sie Ihren täglichen Quotienten leicht ermitteln.

5. Werden Sie produktiv. Fragen Sie sich, welche Aktivitäten den größten Nutzen für das haben, was Sie erreichen wollen. Im Leben, aber auch bei jeder einzelnen Aufgabe. Oft sind wir eher aktiv als produktiv, beschäftigen uns mit allen möglichen Dingen und verlieren dabei Zeit, statt uns auf das Wichtigste zu konzentrieren.

6. Entwickeln Sie als Grundprinzip, aus Überzeugung zu handeln, statt aus Angst oder zur Vermeidung von Konflikten.

7. Nutzen Sie die Regel der Vollendung. Vollenden Sie, was Sie begonnen haben. Oder anders: Fangen Sie nichts an, wenn Sie es nicht wirklich gern zu Ende bringen wollen. Sonst wird es erfahrungsgemäß sowieso schiefgehen. Vollenden Sie eine Tätigkeit, bevor Sie die nächste beginnen. Es ist psychologisch gut untersucht, dass uns unerledigte Dinge „im Nacken sitzen". Vielleicht kennen Sie das Gefühl, nach einem vollen, anstrengenden Arbeitstag nach Hause zu kommen und den Eindruck zu haben: „Ich habe heute nichts geschafft". Dieser entsteht, weil wir vom Hundertsten zum Tausendsten springen, immer wieder Dinge anfangen und nicht zu Ende bringen. Also: Eins nach dem anderen! Sie werden sofort mehr Zeit haben und Zufriedenheit empfinden.

Aktion

Achten Sie morgen einmal ganz bewusst darauf, angefangene Dinge zu beenden, bevor Sie etwas Neues beginnen. Listen Sie dann abends Ihre abgeschlossenen „Tagesbaustellen" hier auf:

....

....

....

Wünschen für Fortgeschrittene

Wie oft haben Sie sich schon etwas gewünscht, und es hat nicht richtig geklappt? Sie wollten Krankheitssymptome loswerden, finanziell unabhängig sein oder den Bauchumfang verkleinern? Sie haben sich angestrengt, nach Plan gelebt, positiv gedacht und trotzdem – irgendetwas klemmte? Meine Erklärung für Sie lautet: Wir bekommen nicht das, was wir uns wünschen, sondern das, was wir denken und leben. Das heißt, wenn wir uns als Kranke fühlen, die gesund werden möchten, statt als Gesunde, die gerade ein Symptom, eine Krankheit haben, wenn wir immer wieder zu wenig Geld haben, aber wohlhabend sein wollen, uns dick fühlen und gern schlank wären, hat unser Gehirn widerstreitende Informationen zu verarbeiten. Der Wunsch ist dabei bewusst, unser Sein eher unbewusst. Wir haben es tausendmal gelebt und geübt, und es ist zum Programm geworden. Dieses Programm wird immer stärker sein als ein neu formulierter Wunsch. Selbst wenn dieser, wie wir besprochen haben, konkret, positiv, im Präsens und wirklich attraktiv formuliert ist.

Rechnen Sie mit dem Unbewussten

Das heißt: Wünsche, Träume oder Ziele, egal, wie Sie es nennen, können nur erfolgreich sein, wenn wir uns mit dem befassen, was, wer und wie wir sind. In einem Kopf, in dem viele Stunden am Tag Sorgen, Ärger, Neid oder Frustration Platz haben, werden fünfzehn Minuten Meditation oder positives Denken noch nicht allzu viel ausrichten. Weil die Grundstimmung eine andere, vielleicht ein „Na, ob das mal klappt …" ist. Ein Stück (ehrliche!) Selbsterkenntnis hilft also dann weiter, wenn Sie merken, Sie sind nicht dort, wo Sie gerne wären.

Vielleicht verstehen Sie jetzt, warum Sie – so wie ich und jeder andere auch – bei der Verwirklichung des einen oder anderen Ziels bislang gescheitert sind. Die unbewusste Basis passt noch nicht. Leider, leider gibt es hier auch keinen Trick, da einfach und schnell heranzukommen. Genauso wie es auch keinen Knopf für das berühmte „Loslassen" gibt. Es klingt immer so einfach: „Lassen Sie Sorgen und Ängste los!", „Lassen Sie die Vergangenheit los!" Klar, gern! Nur, wie?

Hier hilft nur Ausdauer – immer wieder dranbleiben und auf allen Ebenen unseres Seins arbeiten (also nicht nur am Körper, sondern auch am Bewusstsein und am Unterbewusstsein und umgekehrt).
Suchen Sie nach Techniken der Selbsterkenntnis, die zu Ihnen passen. Das kann ein Coaching-Buch sein, ein Seminar zur Persönlichkeitsentwicklung, das in Ihrem Unternehmen angeboten wird, oder ein Meditationskurs. Informieren Sie sich, holen Sie Empfehlungen ein und probieren Sie aus, was Ihnen guttut. Investieren Sie Zeit, bevor Sie Geld investieren.

„Ich habe jedes Jahr zwei bis drei Wünsche zur Verbesserung meines Wohlbefindens. Sobald ich diese für mich genau festgelegt habe, suche ich nach dem geeigneten Weg. Vor allem bleibe ich so lange dran, bis ich eine Lösung gefunden habe. Das kann mitunter dauern und bedarf manchmal außergewöhnlicher Entscheidun-

Mein Wissen

gen. Ich hatte öfter Kopfschmerzen und wollte das nicht mehr akzeptieren. So habe ich mit Hilfe der Kinesiologie daran gearbeitet. Ich ging zur Physiotherapie und habe mir von verschiedenen Beratern erklären lassen, dass ich zu viel Energie im Kopf hätte. Hm. Ja, so ist es. Ich kann sie ja aber nicht wegzaubern. Also bin ich weiter drangeblieben und habe schließlich durch die Traditionelle Chinesische Medizin einen Tee gefunden, der mir deutliche Linderung verschafft hat."

Haben Sie also Mut, so lange nach dem zu suchen, was Ihnen wichtig ist, bis Sie es finden. Und bleiben Sie locker dabei. Denn je mehr Sie etwas unbedingt, vielleicht sogar verbissen wollen, umso weniger Spaß macht es, und umso weniger gelingt es. Negative Emotionen verstellen dann den Blick auf gute Lösungen des Denkhirns, und wir treffen unangemessene Entscheidungen.

Schreib's auf!

Nehmen Sie sich Zeit für eine ruhige Bestandsaufnahme, welche Ziele Sie hatten oder haben, an deren Umsetzung Sie gescheitert sind. Was könnten die Gründe dafür gewesen sein?

....

....

....

....

....

....

....

....

....

....

....

....

....

....

....

....

....

....

Die Kunst der besten Wahl

Wie viele Entscheidungen haben Sie heute wohl getroffen? Zwei oder drei? Vielleicht denken Sie sogar, dass es heute gar nichts zu entscheiden gab – Sie haben keine Urlaubsreise gebucht und keinen neuen Anzug gekauft?

Dann lassen Sie uns Ihren Tag doch einmal genauer ansehen. Wann sind Sie aufgestanden, haben Sie gefrühstückt oder nicht, was tragen Sie? Haben Sie jemanden angerufen, im Garten gearbeitet, Zeitung gelesen, das Radio angestellt, Ihre Medizin eingenommen? Dies alles sind die vielen kleinen Entscheidungen des Alltags, die wir wenig aufmerksam treffen. Noch interessanter werden Entscheidungen, von denen wir glauben, wir träfen Sie gar nicht, oder wir uns nicht mehr daran erinnern.

Und dann gibt es da noch Entscheidungen, die völlig unbewusst ablaufen. Wir sprachen schon darüber. Ihr Herzschlag oder Ihre Atmung, die Magenentleerung oder die Körpertemperatur. Unser Unterbewusstsein trifft sie mit wunderbarer Regelmäßigkeit, wofür wir ihm sehr dankbar sein können. Erst wenn plötzlich ein Fehler auftritt und wir das anhand von Beschwerden registrieren, wenn das Herz jagt oder die Körpertemperatur steigt, merken wir, dass irgendwann eine falsche Entscheidung getroffen wurde. Etwa als Konsequenz von Ängsten oder Ärger, oder weil wir durch das Leben jagen, statt achtsam mit uns umzugehen und wahrzunehmen, wie es uns geht und was wir uns abverlangen. Wenn sich der Körper meldet, dann schauen wir wenigstens hin.

Oft wird gesagt, dass Krankheiten Ihren Sinn haben, was von den Betroffenen verständlicherweise meist anders gesehen wird. Bemerkenswert ist, was alles möglich wird, wenn wir krank sind. Plötzlich essen wir bewusst und regelmäßig, schlafen genug, machen Pausen, denken über uns nach, investieren in Gesundheits-Kurse und -Produkte und hätten das alles vorher viel preiswerter haben können. Ich möchte hier nicht müde werden, Sie daran zu erinnern, dass Sie lieber vorsorgen sollten, statt hinterher heilen zu müssen. Wir haben so vieles selbst in der Hand. Warum brauchen wir erst einen Verlust oder eine Krise, um aufzuwachen?

Aktion

Treffen Sie morgen wohlüberlegte Entscheidungen. Nehmen Sie sich jeweils einen kurzen Augenblick Zeit zum Überlegen.

Wann stehen Sie auf und warum?

....

....

Was essen Sie mittags, und passt das zu Ihren Gesundheitszielen?

....

....

Machen Sie Überstunden, und wenn ja, wozu?

....

....

Verschieben Sie ein wichtiges Telefonat – wenn ja, weshalb?

....

....

Welche weiteren Entscheidungen haben Sie ganz bewusst getroffen?

....

....

Leben Sie mit Situationen, statt mit Problemen

Haben Sie schon einmal darüber nachgedacht, wie Probleme entstehen? Psychologen bieten folgende Sichtweise an: Probleme sind Situationen, die negativ bewertet werden. Ich teile diese Auffassung. Denn zunächst einmal nehmen wir nur eine Situation wahr, so etwa: Das Auto ist kaputt. Es regnet. Die Kinder sind um Mitternacht nicht zu Hause. Nun ist unser Gehirn so gestrickt, dass es jede Information auf der Basis unseres Erfahrungsschatzes – der Annahmen und Erwartungen, die wir haben – bewertet. Das Fatale ist, dass wir uns oft gar nicht darüber klar sind, welche Bewertungssysteme wir im Kopf haben und wie sie dorthin gelangt sind. Wir staunen höchstens darüber, weshalb uns anscheinend immer wieder die gleichen Dinge passieren.

Zum einen haben wir die Erfahrungen unserer Familie ungefiltert übernommen. Zum anderen werden wir Tag für Tag von der Informationsflut aus den Medien überrollt. Und worüber wird berichtet? Probleme, Katastrophen, Tote, Gefahren. Was hören Sie von Ihren Kollegen, Nachbarn, Freunden? Krankheiten, Sorgen, Ängste, Probleme. Kaum Gelungenes. Das alles wird von unserem Gehirn aufgenommen und zu Denksystemen verarbeitet.
Kein Wunder also, das Sie in Sekundenschnelle das Drama in jeder Situation sehen können. Zum Bei-

spiel, dass Sie beim Kauf Ihres Gebrauchtwagens ganz bestimmt einem Betrüger ins Netz gegangen sind, weil das Vehikel jetzt kaputt ist. Dass das Wochenende verdorben ist, weil es regnet, oder – wahlweise – dass Ihre Kinder Ihnen das Leben schwer machen wollen oder überfallen wurden.

Mit diesen Bewertungen gehen immer Emotionen einher – und zwar in der Regel sehr unangenehme, da wir uns viel öfter mit negativen Gedanken und Bewertungen befassen als mit positiven. Emotionen sind verbunden mit Körperreaktionen – und schon stecken wir in der Abwärtsspirale des Wohlbefindens. Das hält dann so lange an, wie wir in den negativen Bewertungen hängen bleiben. Und das Gehirn wird für die nächste negative Bewertung einer Situation trainiert. Negative Emotionen verhindern außerdem, wie wir wissen, das Aufspüren von Lösungen. Dann sind Sie handlungsunfähig und kommen dann eben nicht auf eine tolle Alternative für ein verregnetes Wochenende.
Üben Sie sich darin, Bewertungen zu minimieren, die aus einer Situation ein Problem machen. „Es ist, wie es ist" könnte ein hilfreicher Spruch sein. Sie gewinnen Zeit für die Suche nach Lösungen. Akzeptieren Sie Situationen, die Sie nicht ändern können, und stoppen Sie die Zeit- und Energieverschwendung durch Grübeleien darüber. Konzentrieren Sie sich und Ihre Energie auf das, was Sie wollen, und tun Sie etwas dafür, indem Sie aus jeder Situation das Beste für sich machen.

Aktion

Zahlen Sie jedes Mal, wenn Sie einen „Problemblick" aufsetzen, destruktiv denken oder sich selbst mobben, einen Euro in die Sparbüchse für einen guten Zweck.
Wie viel hat sich da schon nach einem Tag angesammelt?

.... Euro

Wie Sie negative Gedanken entmachten

Lassen Sie uns realistisch sein: Die negativen Gedanken werden wiederkommen. Was können Sie konkret gegen Problemdenken, Spekulationen und Interpretationen tun?

Powerfrage 1:
„Was ist „gerade jetzt" nicht in Ordnung?"

Wenn Sie sich in einer „Problemsituation" befinden, stellen Sie sich selbst genau diese Frage. Während Sie nachts im warmen Bett wach liegen, rauben Ihnen vielleicht die Gedanken an die Kinder oder an ein Gespräch mit dem Chef die Ruhe. „Jetzt" hier im Bett können Sie nichts daran ändern. Die Kinder und der Chef sind weit weg. Es sind nur unsere Gedanken, die verrücktspielen.

Powerfrage 2:
„Ist das wahr, ist das wirklich wahr?"
Byron Katie

Wollen Ihnen Ihre Gedanken also weismachen, Sie könnten Ihre Arbeit verlieren, wenn Sie mal „Nein" sagen, oder dass Ihre Eltern Sie nicht mehr schätzen, wenn Sie am Wochenende nicht sie, sondern lieber Freunde besuchen, dann überlegen Sie, ob das wirklich wahr ist. Ob Sie da ganz sicher sein können. Sobald uns klar wird, dass dies lediglich unsere Vermutung, unsere Interpretation eines Ereignisses oder Verhaltens ist, sobald wir den kleinsten Zweifel an unseren Gedanken haben, finden wir heraus aus dem Problemdenken. Wir fühlen uns wieder besser und können mit dem Lösungsdenken beginnen.

Mein ♥ Wissen

„Wenn meine Gedanken verrücktspielen wollen, setze ich sehr erfolgreich Mantras dagegen ein. Das sind heilende Worte oder Wortgruppen, die laut oder leise gesagt, gesungen oder aufgeschrieben werden. Durch die permanente Wiederholung kommen die aufgeregten Gedanken zur Ruhe und quälen nicht länger, denn Sie können nicht zwei Dinge gleichzeitig denken. Mein Lieblingsmantra ist „Rama". Zählen hat übrigens auch schon einen beruhigenden Effekt."

Einen Gegenspieler zum geistigen Wohlbefinden werden wir immer in unserem „Ego“ haben, derjenigen Instanz, die unsere „So-sollst-du-sein-Informationen“ enthält. Unser Ego liebt es, recht zu haben und uns gegen andere abzugrenzen. Es kann schwer aushalten, keinen gedanklichen „Ich-habe-recht-Krieg“ zu führen, weil es dann seine Existenzberechtigung infrage gestellt sieht. Sollten Sie sich dafür entscheiden, ein Leben mit weniger Problemen und größerem Wohlbefinden zu führen, lohnt sich die geistige Investition in die Überlegung, dass jeder Mensch eine andere – und aus seiner Sicht richtige – Perspektive auf die Welt hat. Diese Perspektive wurde durch die jeweilige Biografie geprägt und ist damit einzigartig. Wenn jeder Mensch seine Sicht haben darf, dann natürlich auch Sie selbst!

Schreib's auf!

Nehmen Sie eine aktuelle schwierige Situation und betrachten Sie diese aus der Perspektive anderer Menschen, beispielsweise eines Schauspielers oder Sportlers, den Sie schätzen, eines Astronauten oder Ihres Zahnarzts. Welche neuen Einsichten bringt Ihnen das?

....

....

....

....

....

....

....

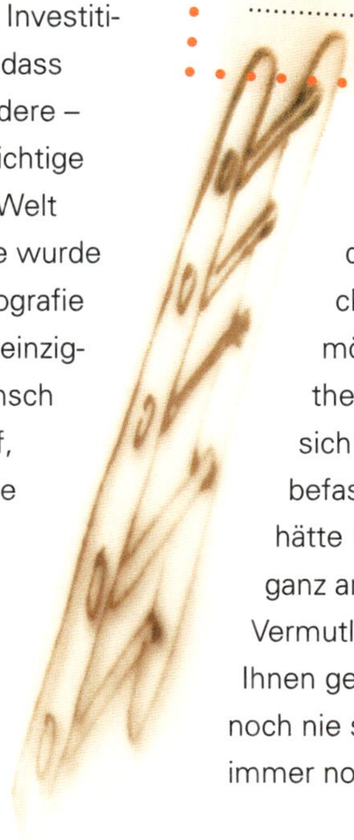

Ein Sportler, dem seine Fitness wichtig ist, würde etwa bei einem Rückenproblem lieber jede mögliche Minute in Physiotherapie investieren, statt sich mit dem „Warum“ zu befassen. Und Mutter Teresa hätte Ihre Finanzsorgen mit ganz anderen Augen gesehen. Vermutlich hätte sie gelacht und Ihnen gesagt, dass sie selbst noch nie so viel Geld hatte, wie Sie immer noch besitzen.

Wie Sie den Glücksfallen elegant entkommen

Auf dem Kongress für Positive Psychologie in Heidelberg 2011 äußerte einer der Referenten einen köstlichen Nebensatz, der mich sehr angesprochen hat:

„Lassen Sie sich doch nicht alles von sich gefallen!"

Und das betrifft alle Bereiche: Optimierungsfalle, Vergleichen, Bedingungen, Aufschieben, schlechtes Gewissen und negatives Gedankenkreisen. Alle Fliegen werden mit einer Klappe bzw. einer Idee geschlagen.

Wohlbefinden mit Garantie: Sich selbst darum kümmern

„Lassen Sie sich doch nicht alles von sich gefallen!" heißt auch: „Nimm es selbst in die Hand!". Wir haben alle Voraussetzungen dafür, und nur wir können etwas für uns ändern. Also Schluss mit den offenen oder stillen Vorwürfen an unsere Eltern (sie haben das Beste getan, was sie damals konnten), an unser Land (wählen Sie ein anderes, wenn Ihnen hier Steuern oder Stimmung nicht gefallen) oder an die Firma. Unsere Arbeitgeber oder Geschäftspartner sind keineswegs für unser Wohlergehen zuständig. Sie können gute Rahmenbedingungen schaffen, doch das ist es dann schon. Niemand kann langfristig von außen erfolgreich motiviert werden.

Schärfen Sie Ihren Blick für das für Sie Wesentliche. Trainieren Sie Wohlbefinden in jeder Situation. Betrachten Sie Fehler nicht länger als Versagen, sondern als Lernerfahrungen. Investieren Sie ernsthafte Absichten und Ihr Herz in das, was Sie tun. Definieren Sie, was Sie statt der Glücksfallen künftig leben wollen. Vertrauen, Nähe zu anderen, Sicherheit in Ihren Beziehungen, Freundschaft, Liebe, Optimismus, Offenheit, Selbstbestimmung?

Für den Fall, dass Ihr neuer Grundsatz: „Ich lasse mir doch nicht alles von mir gefallen!" nicht sofort klappt und die alten Fallen locken, können Sie folgende Erste-Hilfe-Maßnahme anwenden: Machen Sie sich klar, dass Ihre Gedanken – auch die Vergleiche, Zweifel, Bewertungen sowie das schlechte Gewissen – nur Gedanken sind. Sie sind nicht die Realität. Fragen Sie sich, ob Sie gerade etwas Konstruktives denken, etwas, das Sie vorwärts bringt, etwas auch nur minimal Nützliches, oder ob Sie nur destruktiv und selbstquälerisch mit sich umgehen. Helfen Sie sich selber, indem Sie zwischen alle Gedanken, vor jeden, der kommt, ein „ich denke" setzen. Das geht etwa so: „Ich denke, ich komme zu spät. Ich denke, ich werde abgemahnt. Ich denke, mein Chef kann mich nicht leiden. Ich denke, ich werde unfair behandelt." Wir kommen in Teil 4 beim Meditieren darauf zurück.

Schreib's auf!

Schreiben Sie eine unangenehme Erfahrung, einen Fehler aus Ihrer Vergangenheit auf und notieren Sie dazu, was Sie daraus gelernt haben und was es Ihnen aus heutiger Sicht an Nutzen gebracht hat.

Organisation ist alles: Minutenaufwand für maximalen Wohlfühl-Gewinn

An dieser Stelle besprechen wir, wie Sie mit geringstem Aufwand neue Routinen in Sachen „Wohlbefinden" etablieren. Gehen Sie bei Bekanntem danach, was Ihnen schon einmal Erfolg gebracht hat. Nehmen Sie, was sich angenehm liest oder worauf Sie Lust haben. Ich habe die Tipps danach ausgewählt, was für mich und meine Klienten gut und vor allem schnell funktioniert.

Das Wichtigste zuerst, denn das kann man nicht oft genug betonen: Lassen wir das Hoffen auf die großen Glücksmomente der Zukunft hinter uns und bauen wir konsequent an den vielen kleinen Wohlfühlmöglichkeiten im Heute!

Ein Lob der Vorbereitung

Planung heißt, einen Schritt voraus zu sein und seinen Tag selbst zu bestimmen. Es gab noch nie so viele Angebote in allen Lebensbereichen wie heute. Die Informationsflut ist riesig. Umso mehr Bedeutung bekommt es, sich nicht nur nach augenblicklicher Lust und Laune, sondern in jedem Moment für das Wichtigste für Ihr Gesamtlebenskonzept zu entscheiden.

Setzen Sie sich Monats-, Wochen- oder Tagesziele – ganz nach Ihrem Geschmack. Schreiben Sie die „35.000-Dollar-Liste". Deren Erfinderin Mary Kay Ash war eine der erfolgreichsten, wenn nicht sogar die erfolgreichste Selfmade-Unternehmerin. Sie hat als 40-jährige alleinerziehende Witwe ein Milliardenunternehmen in der Kosmetikindustrie aufgebaut. Einer ihrer Erfolgstipps umfasst die besagte Liste. Mary Kay Ash hat diese Liste von einem Unternehmensberater übernommen, der sie einmal so erfolgreich einsetzte, dass das von ihm beratene Unternehmen dafür freiwillig ein Honorar von damals sensationellen 35.000 Dollar zahlte. Daher der Name. Die Liste beinhaltet die sechs wichtigsten Dinge, die am Folgetag zu erledigen sind – in der Reihenfolge ihrer Wichtigkeit. Erledigtes wird sogleich gestrichen. Das ist es. Die einfachsten Dinge sind manchmal die wirksamsten.

Mein Wissen

„Kennen Sie das Froschprinzip? Es ergänzt die Liste bestens. Brian Tracy hat diese wunderbare Metapher geprägt. Der „Frosch" ist die unangenehmste oder anspruchsvollste Aufgabe des Tages, mit der Sie jeden Morgen konsequent beginnen und damit sozusagen den dicksten Frosch als Erstes „schlucken". Eine Endorphinausschüttung Ihres Gehirns wird Sie mit einem Glücksgefühl belohnen und danach doppelt so effizient werden lassen. In unserer Familie haben wir gemeinsam begonnen, nach diesem Prinzip zu arbeiten. Wir haben grüne Springfrösche, die auf unseren Schreibtischen morgens auf der entsprechenden Aufgabe sitzt."

Wie Sie sich Ihrer Sprache bedienen können

Wie können Sie enger im Kontakt mit sich und besser fokussiert sein? Nutzen Sie einfach Ihre Sprache – Sie sprechen doch den ganzen Tag und können dieses Werkzeug sinnvoller einsetzen.

- Verwenden Sie „ich" oder „du" statt des unpersönlichen „man" oder „jemand".
- Tun Sie häufiger Dinge, die Sie „wollen" oder sogar „dürfen", statt sie zu „müssen".
- Eliminieren Sie das „irgendwann einmal" bei Aktionen, die Sie tun wollen. Führen Sie sie gleich durch.
- Sagen Sie, wenn Ihnen etwas nicht gelingt, „noch nicht" oder „bisher nicht".
- Fragen Sie „wie?", statt „ob" und „was stattdessen?", wenn etwas anders sein soll.
- Sprechen Sie nur gut von sich und anderen.
- Führen Sie keine sinnlosen Problemdiskussionen mehr.

Es dauert wirklich nur Minuten

Ich gehe davon aus, dass auch Sie unter permanentem Zeitmangel leiden. Wenn Sie nur wenige Minuten am Tag investieren wollen, könnten diese Ideen etwas für Sie sein.

Die magischen 5

Bleiben Sie mindestens fünf Minuten am Tag dran, wenn Sie etwas Neues lernen oder neue Gewohnheiten etablieren. Dahinter steckt die Erkenntnis der Gehirnforschung, dass ungenutzte Bahnen in unserem Gehirn absterben. Wollen Sie dankbarer werden, praktizieren Sie es täglich mindestens fünf Minuten lang. Sie wollen große Ziele erreichen? Denken Sie mindestens fünf Minuten am Tag darüber nach.

Die magische 1

Nehmen Sie sich täglich eine Minute Zeit für sich, um darüber nachzudenken, was Sie selbst sofort dafür tun können, dass es Ihnen gut geht. Spencer Johnson hat ein ganzes Konzept aus der Nutzung einer Minute Selbstaufmerksamkeit für das eigene Wohlbefinden aufgebaut.

Es kostet beispielsweise auch nur eine Minute Zeit, komplizierte Tä-

tigkeiten oder Gespräche im Wochenplan auf den Dienstag zu legen. Eine Umfrage unter 150 Managern großer Firmen hat ergeben, dass wir dienstags am produktivsten sind.

Die magischen 3

Ärgern Sie sich maximal drei Minuten. Sie bestimmen, wofür Sie Ihren Kopf und Ihr Herz hergeben. Sagen Sie dann „stopp!“ und wenden Sie sich gedanklich konstruktiveren Dingen zu. Nehmen Sie eine Uhr zu Hilfe.

Aktion

Nehmen Sie sich für morgen vor, die magischen Minuten in Ihren Tagesablauf zu integrieren. Denken Sie fünf Minuten an Ihre Träume und Ideale, überlegen Sie eine Minute lang, was Sie sich im Lauf des Tages noch Gutes tun können – und falls Ärger aufkommt, vergessen Sie nicht, Ihre Stoppuhr auf drei Minuten zu stellen.

Wie hat sich das angefühlt?

....

....

....

....

....

....

....

....

....

....

....

....

....

Die kostenlosen Alleskönner

Falls Sie es nicht schon früher getan haben, werden Sie mir am Ende dieses Abschnitts sicher zustimmen, dass Sie alles können und wissen und es nur anzuwenden brauchen.

Das gilt beispielsweise für das Lächeln. Lächeln geschieht in Sekundenschnelle, braucht deutlich weniger Muskeln als Sich-Ärgern und noch viel weniger Energie. Lächeln Sie auch sich selbst zu, wann immer sich eine Gelegenheit dazu bietet, und verschenken Sie Ihr Lächeln großzügig, ohne eine „Gegenleistung" zu erwarten.

Kostenlos ist auch die schon angesprochene Dankbarkeit. Führen Sie sich bewusst in die Haltung der Dankbarkeit und die Wahrnehmung dessen, wofür Sie in jeder Lebenssituation, auch wenn es Schwierigkeiten gibt, dankbar sein können. Sagen Sie lieber ein Mal zu viel als ein Mal zu wenig Danke – aber meinen und empfinden Sie es auch so! Wenn wir versuchen, uns etwas vorzumachen, werden wir krank. Schreiben Sie einen Brief an eine Person, der Sie dankbar sind. Erklären Sie genau, wofür und warum und vereinbaren Sie einen Termin zum Vorlesen und Überreichen dessen, was Sie geschrieben haben. Diese Übung aus der Positiven Psychologie kostet wenig Zeit und hat eine lebenslange Wirkung.

Begeistern Sie sich! Suchen Sie auch in Routinen oder Pflichten nach Dingen, für die Sie sich begeistern können – Sie werden sich sofort wohlfühlen und viel produktiver sein.

Mein ♡ Wissen

„Bügeln Sie gern? Ich meine nicht dieses „beim Fernsehen geht es schneller vorbei", sondern richtig gern! Ich inzwischen ja. Früher habe ich es als lästige Pflicht empfunden und mich aufgeregt, dass ich sogar „bügelfreie" Hemden doch noch bügeln musste. Heute genieße ich, wie gut die Wäsche riecht, was wir für schicke Kleidung haben, und schwelge in der Vorstellung, wie gut wir darin aussehen werden."

Investieren Sie in kleine positive Interventionen für die Umsetzung des 3:1-Prinzips (siehe Seite 93) nicht nur für sich, sondern auch in Teams und in Beziehungen. Einem negativen Ereignis, Erlebnis, Gedanken sollten mindestens drei angenehme gegenüberstehen – auch im Berufs- und Familienleben. Beobachten Sie einmal, wie oft Sie Ihren Partner bzw. Ihre Partnerin liebevoll, zärtlich, aufmerksam, interessiert, offen usw. ansehen? Und wie oft genervt, vorwurfsvoll, leer, müde oder traurig? Wie oft sagen Sie Ihren Kollegen Danke, bringen einen Tee mit oder halten jemandem die Tür auf? Genau darum geht es. minimaler Aufwand für maximalen Gewinn – und das auch noch für alle Beteiligten.

Allround-Talente für maximales Wohlbefinden:

- **Lächeln**
- **Dankbarkeit**
- **Begeisterung**
- **Kleine positive Interventionen**

Schreib's auf!

Was sind Ihre sieben Lieblingstipps für mehr Wohlbefinden aus diesem 3. Kapitel? Blättern Sie das Kapitel gegebenenfalls noch einmal durch. Tragen Sie hier ein, was zu Ihnen passt. Im Tagebuch finden Sie auf den Seiten 184–187 eine weiterführende Aktion zu Ihren ausgewählten Favoriten.

1. ....
....
2. ....
....
3. ....
....
4. ....
....
5. ....
....
6. ....
....
7. ....
....

Lassen Sie Wohlbefinden zur Gewohnheit werden

Sagen Sie auch öfter einmal „der Mensch ist ein Gewohnheitstier"? Nichts ist so stark wie unsere Gewohnheiten, das haben wir bereits mehrfach gesehen – und zwar in den unterschiedlichsten Lebensbereichen. So kann es gut sein, dass die bisherigen Strategien Ihres Lebens „Perfektionismus", „Optimierung", „Vergleichen", „schlechtes Gewissen" oder „Grübeln" heißen. Das würde auch genauso weitergehen, wenn Sie sich nicht für neue Erfahrungen entschieden hätten.

Veränderung

Welche Ihrer alten Gewohnheiten und Strategien standen Ihrem Wohlbefinden bisher hartnäckig im Weg, obwohl Sie sich nun schon mehrfach vorgenommen hatten, diese zu überwinden?

Kreuzen Sie an:

- [x] **Zweifel**
- [ ] **Überheblichkeit**
- [ ] **Perfektionismus**
- [x] **Bequemlichkeit**
- [x] **Pessimismus**
- [ ] **Zeitverschwendung**
- [x] **Fehlende Prioritäten**

Weitere, und zwar:

Faulheit Lustlosigkeit
Selbstzweifel
aber auch
es meinem Partner
recht machen zu wollen
in dem ich Hausarbeit
machte

Welche neuen Gewohnheiten möchten Sie stattdessen etablieren? Verschaffen Sie sich hier noch einmal einen Überblick und markieren Sie auch, in welchen Bereichen Sie sich schon verbessert haben. Vielleicht stimmen einige der Punkte sogar mit Ihren wichtigsten Zielen überein?

- [x] **Gelassenheit**
- [x] **Körperliche Fitness**
- [x] **Gesunde Ernährung**
- [x] **Gute Work-Life-Balance**
- [x] **Optimismus**
- [x] **Zufriedenheit**
- [x] **Dankbarkeit**
- [x] **Lebensfreude**
- [x] **Genuss**
- [x] **Leichtigkeit**
- [x] **Mehr Zeit zu zweit mit dem Partner**

Weitere, und zwar:

Liebevoll sein u.
lernbereit

Leben Sie heute, was Sie sich für morgen wünschen

Wenn Sie wissen, was Ihnen guttut und wohin Sie wollen, dann fangen Sie gleich heute damit an, kleinste Bestandteile in Ihren Alltag zu integrieren.
Was erwarten Sie von Gesundheit, Wohlstand oder Schlankheit? Vielleicht Lebensfreude, Luxus, Anerkennung? Dann suchen Sie nach Kleinigkeiten, die Sie sofort umsetzen können. Was würden Sie tun, wenn Sie gesund wären und Lebensfreude hätten? Vielleicht ausgehen? Tun Sie es. Was würden Sie tun, wenn Sie vermögend wären und Luxus genießen? Designerkleidung tragen? Testen Sie das, indem Sie ein solches Outfit einmal anprobieren, sich leihen oder secondhand kaufen. Dadurch lernen Sie, sich in den Edelklamotten zu bewegen, und können prüfen, ob diese Ihnen das erhoffte Wohlbefinden bringen.
Tun Sie öfter „so als ob" und werden Sie dadurch „so wie". Wenn Sie heute beginnen, Ihre Wünsche Puzzleteil für Puzzleteil zu leben, können Sie sich diese in Ihrem Leben leichter und schneller zusammensetzen. Fragen Sie dabei immer wieder nach den Vorteilen einer beabsichtigten Veränderung. Ihr Gehirn wird Ihnen eine klare Kosten-Nutzen-Rechnung aufmachen. Wir alle kennen das Gefühl, es sei sicherer, bei alten Mustern zu bleiben. Da wissen wir, was wir haben und was nicht. Das Sammeln und Aufschreiben von richtig attraktiven Vorteilen erleichtert Ihnen eine Veränderung.
Üben Sie, anders zu denken und sich anders zu verhalten. So schaffen Sie vielseitige neue Verknüpfungen Ihrer Nervenzellen. Es geht schon bei Kleinigkeiten los, wie einfach mal mit dem anderen Bein aus dem Bett aufzustehen, etwas anderes zu essen, etwas Neues zu lernen. Üben Sie, üben Sie! Seien Sie achtsam dabei. Achtsamkeit meint Aufmerksamkeit. Aufmerksamkeit für sich ist nicht verschreibungspflichtig, hat keine Nebenwirkungen, ist immer verfügbar.
Sobald Sie sich mehr Aufmerksamkeit widmen, werden Sie diese auch anderen schenken, automatisch. Sie erinnern sich sicher: Die Beziehung zu uns, so wie wir mit uns selbst umgehen, ist modellhaft für alle anderen Beziehungen.

Das kleine Wohlfühlbarometer

Der schnelle Blick aufs Wohlbefinden: Was haben Sie heute erlebt? Summieren Sie die Ja-Antworten und ziehen Sie die negative Zahl von der positiven ab. Ihr Wohlbefinden dankt Ihnen Ergebnisse über 0.

Positiv

+ Auf das Wichtigste konzentriert
+ Gelacht
+ Dankbarkeit verspürt
+ Optimismus empfunden
+ Etwas Gutes für mich getan
+ Etwas zu Ende gebracht
+ Bewegung gehabt

Negativ

- Keine Pausen gemacht
- Negatives Gedankenkreisen
- Angst, zu versagen
- Selbstmitleid
- Mehreres gleichzeitig getan
- Unregelmäßig gegessen
- Zeitdruck gehabt

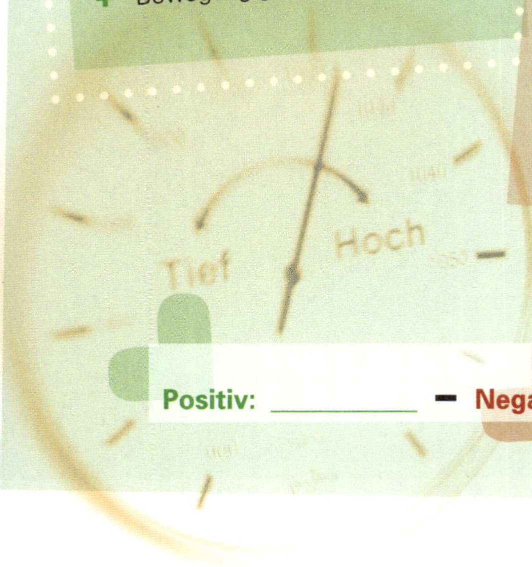

Positiv: __________ – **Negativ:** __________ = __________

4.

Nur noch das Beste für Körper & Geist

Bislang haben wir uns vorwiegend den mentalen Voraussetzungen für unser tägliches Wohlbefinden gewidmet. Allerdings nützt uns die tollste Einstellung wenig, wenn der Körper zwickt. Schon unsere Großeltern kannten den Spruch: „*Mens sana in corpore sano* – In einem gesunden Körper wohnt ein gesunder Geist." Eines ohne das andere funktioniert nur halb so gut.

Wir sind keine Maschinen

Ich habe in den letzten Jahren die Erkenntnis gewonnen, dass wir Menschen schon ein sehr widersprüchliches Leben führen. Auf der einen Seite wünschen wir einander ständig – gern auch mit Nachdruck und Pathos wie zum neuen Jahr – Gesundheit. Auf der anderen Seite tun wir – solange alles funktioniert – sehr wenig dafür. Als wäre der eigene Körper eine Maschine. Wenn es dann Probleme gibt, soll das am besten jemand anders regeln, oder wir würden gern einfach auf Ersatzteile zurückgreifen.

Besser wäre es, in unsere Ziele-Sammlung auch körperliche Ziele zu integrieren und daraus bewusst attraktive Bestandteile unseres Wohlbefindens zu machen. Damit wir auch wirklich etwas dafür tun, gilt hier umso mehr: Es muss Spaß machen, diese Ziele zu erreichen. Stellen Sie sich kurz einmal vor, Sie würden sich vornehmen, ab sofort gesünder zu leben. Wären Sie voller Enthusiasmus? Wohl eher nicht! Weil wir gelernt haben, dass Gesundheitsbewusstsein langweilig (Haferflocken, Kräutertee) oder anstrengend (Joggen, Muskelkater, zeitig aufstehen …) ist. Wir schränken uns ein, verbieten uns lieb Gewonnenes, folgen Diäten und Sportvorschlägen, ohne zu hinterfragen, ob diese auch zu uns passen. Kein Wunder, dass wir gar nicht erst anfangen oder schnell wieder aufhören oder ein lästiges Pflichtprogramm absolvieren. Wir kennen Sprüche wie „Medizin, die hilft, muss bitter sein", und so schlucken wir vieles im Namen der Gesundheit.

Mein ♡ Wissen

„Mindestens 14 Jahre lang habe ich mit allen Mitteln versucht, Freude am Joggen zu finden. Allerdings habe ich den Ausdauerlauf schon in der Schule gehasst und immer entsprechende Noten kassiert. Später kam die Einsicht, dass Laufen gesund ist und schlank macht.

Also rein in die Schuhe. Langsam oder schnell, Vorfuß- oder Fersenlauf, morgens oder abends, mit Freunden oder mit Coach. Es gab – bei aller Anstrengung – jedoch nur kurzfristige Kraft- und Ausdauererfolge. Abgenommen habe ich in der ganzen Zeit ein Kilogramm, und das habe ich ein halbes Jahr lang gehalten. Meine Selbstgespräche waren voller Wut, auch voller Kummer, und immer begleiteten mich die Worte: „Du bist doch nicht zum Vergnügen hier!" – Ja, wozu denn sonst? Sie fragen sicherlich, warum ich nicht aufgehört habe mit dem Laufen. Ich war einfach überzeugt davon, ich müsste mich wohl nur noch mehr anstrengen, noch mehr zusammenreißen. Für einen Coach, der andere dabei berät, wie sie ihre Ziele erreichen, war es noch dazu eine Frage der Ehre, die eigenen Ziele zu erreichen."

Auch am Beispiel Körper zeigt sich wieder: Wir sorgen nicht gut genug für uns selbst, wir nehmen uns nicht wichtig genug und haben den Anspruch verlernt, dass es das Richtige, wenn nicht sogar das Beste, für uns sein darf. Falls Sie bei diesem Gedanken noch erschrecken, denken Sie bitte daran, dass dieser Anspruch für jeden gilt und auch für jeden erfüllbar ist, weil für jeden etwas anderes gut und richtig oder das Beste ist. Fangen wir mit einem Thema an, das drei Viertel der Deutschen Tag für Tag frustriert.

Wie Sie nie wieder sündigen, sondern ohne Reue genießen

Ob wir in Europa die Dicksten sind oder „nur" die Zweitdicksten, ist fast schon egal. Das Thema an sich ist von gesellschaftspolitischer Brisanz, weil in Deutschland ein Drittel der Kosten des Gesundheitssystems für ernährungsbedingte Erkrankungen draufgehen. Übergewicht stellt, wie jedes Symptom, eine körperliche und seelische Dysbalance dar, Stress und Kummer begleiten die Betroffenen.

Der Körper ist von Natur aus gesund und damit beschäftigt, sich selbst zu helfen. Er regeneriert sich auf natürliche Weise. Symptome – und Übergewicht ist eines davon – sind Signale, dass etwas aus dem Gleichgewicht geraten ist. Herauszufinden, was diese Signale bedeuten, sollte das erste Ziel vor einer Intervention sein. Die Diätexpertinnen Jill H. Podjasek und Jennifer Carney haben ermittelt, dass Schlanke essen, wonach ihnen zumute ist. Sie haben Vertrauen, dass ihr Körper und ihre Seele selbst regulieren, was gut für sie ist. Sie essen nur, wenn sie hungrig sind, und können vor allem physischen von psychischem Hunger unterscheiden. Sie sind heikel, essen nicht auf, wenn es ihnen nicht schmeckt, und lassen sich beim Essen Zeit. So einfach – oder so schwierig – ist es.

Auch Essen beginnt im Kopf

Haben Sie sich schon einmal überlegt, was Sie warum gern essen, wie es Ihnen bekommt und was mit dem Essen geschieht, wenn es erst einmal in Ihrem Körper ist? Jetzt haben Sie eine gute Gelegenheit dazu. Lassen Sie uns mit der Frage beginnen, was Sie mit Ihrem Essen für sich erreichen möchten. Wünschen Sie sich Fitness, Nervenstärke oder Herzgesundheit, wollen Sie Alterungsprozesse verlangsamen, Ihr Wunschgewicht halten oder überhaupt erst mal erreichen?

Essen dient zunächst der Lebenserhaltung und Leistungsfähigkeit. Es wird gesteuert durch den Hunger. Bei drei Mahlzeiten am Tag und einer Lebenserwartung von durchschnittlich 75 Jahren nehmen wir in unserem Leben ungefähr 80.000 Mahlzeiten zu uns – was für ein Potenzial! Jeder Mensch is(s)t anders, hat andere Bedürfnisse und andere körperliche Voraussetzungen. Deshalb gibt es auch keine Ernährungstheorie, die für jeden von uns passt.

Von besonderer Bedeutung für Gesundheit, Leistungsfähigkeit und Fettverbrennung ist der Blutzuckerspiegel, hauptsächlich beeinflusst durch die aufgenommenen Kohlenhydrate. Wie reguliert der Körper den Blutzucker? Durch Insulin. Leider hat es zu Recht den Beinamen „Speicherhormon". Es wirkt wie ein Schlüssel für die Körperzellen. Sie werden geöffnet, damit der Zucker aus der Nahrung in den

Zellen verbrannt wird – beispielsweise wenn wir uns bewegen. Leider rutscht auf diesem Weg auch Nahrungsfett in die Körperzellen und bleibt dort. Insulin verhindert nämlich auch den Abbau von Fettdepots. Ein starker Blutzuckeranstieg mit nachfolgender hoher Insulinausschüttung führt weiter dazu, dass der Blutzuckerspiegel nach einiger Zeit in den Keller rauscht und Ihre Leistungsfähigkeit sinkt. Stimmungsschwankungen und Heißhunger sind die Folgen.

Meine Lieblings-Esstipps lauten daher:

- Essen Sie regelmäßig und lassen Sie keine Mahlzeit ausfallen.
- Essen Sie langsam, konzentriert und (nur) bis Sie satt sind.
- Beginnen Sie jedes Essen mit einem Salat.
- Essen Sie hauptsächlich Gemüse und Eiweiße wie in Fisch, Geflügel, Wild, Tofu.
- Essen Sie nach 18 Uhr nur mehr wenig, oder noch besser: keine Kohlenhydrate wie Brot, Reis, Nudeln.
- Essen Sie reichlich ungesättigte Fette, wie sie etwa in Olivenöl, Arganöl, Fisch oder Nüssen enthalten sind.
- Essen Sie mehrere Gänge zur Abwechslung und Sättigung.
- Legen Sie mindestens einen fleischfreien Tag pro Woche ein und essen Sie möglichst häufig Frisches.
- Etablieren Sie einen „Jokertag" pro Woche, an dem alles erlaubt ist.
- Genießen Sie Ihre Mahlzeiten als wichtigen Teil Ihrer Lebensfreude.

Wir essen allerdings schon lange nicht mehr nur, um uns am Leben zu erhalten, sondern häufig auch aus anderen, eher psychologischen Gründen. Deshalb fällt es so schwer, das Essverhalten zu verändern. Mit Essen bauen wir Frust oder Ärger ab, wir essen aus Langeweile, Einsamkeit oder zur Belohnung. Sie kennen das vielleicht auch aus Ihrem Alltag. Dies alles führt dazu, dass wir Ungesundes essen und mehr, als uns guttut.
Es liegt mir am Herzen, Sie zu warnen, dass Sie nicht zu wenig essen sollten. Ja, Sie haben richtig gelesen! Viele Theorien der letzten Jahre haben uns gelehrt, weniger zu essen sei gut für die Figur. Als Folge essen viele Menschen oft so

den Haushaltszucker, und dass sich die Werte von Risikofaktoren wie Cholesterin oder Triglyceriden verschlechtern. Verdünnen Sie Säfte also am besten mit Wasser. Trinken Sie Wasser in allen Varianten. Es ist die beste Form der Flüssigkeitszufuhr und dient vor allem der Entschlackung des Körpers. Trinken Sie Wasser ohne Kohlensäure und magenfreundlich zimmerwarm temperiert. Wählen Sie beim Tee süß schmeckende Sorten wie Vanille. Spritzen Sie ihn mit Zitronensaft oder Rosenwasser, wenn Ihnen der Geschmack pur nicht zusagt.

Viele Getränke werden heute auch mit figurschonenden Mitteln wie Agavendicksaft oder Stevia gesüßt.

Aktion

Probieren Sie doch in der kommenden Woche einmal Sojamilch oder Kokoswasser als Getränkealternativen. Wenn Sie gleich noch etwas für Ihren Basenhaushalt tun wollen, trinken Sie Molke; wenn Sie Zusatznutzen wie das Coenzym Q10 haben wollen, gibt es das „Beauty-Wasser" (www.beautywater.de), und wer Mahlzeiten aus Obst und Gemüse nicht gerne mag, kann beides in flüssiger Form zu sich nehmen (www.lebepur.de). Der Markt ist groß, es gibt nichts, was es nicht gibt. Also sollten Sie sich – wie beim Essen – zuerst klarmachen, was Sie erreichen wollen, dann die Strategie festlegen und die Produkte danach auswählen.

Genießen Sie das Vergnügen, unabhängig zu sein

Was können Sie nun tun, wenn Sie sich mit Ihrem Wunschgewicht beschäftigen wollen? Psychologisch untersucht sind folgende Strategien, die wir zum Teil auch schon als zielführend für unser mentales Wohlbefinden kennengelernt haben:

1. Formulieren Sie Ihre Ziele konkret und attraktiv, schreiben Sie sie auf und sprechen Sie darüber. Letzteres zeigt Ihnen gleich, ob Sie selbst an Ihren Erfolg glauben. Was tut Ihnen gut? Fünf oder drei Mahlzeiten, warmes oder kaltes Essen, welche Art der Bewegung? Denken Sie individuell, Sie kennen sich am besten. Suchen Sie nach einem Abnehmkonzept, das gut zu Ihnen passt.

2. Prüfen Sie, ob der Zeitpunkt zum Abnehmen der richtige ist. Wenn Sie gerade viel um die Ohren haben, kann „Gewicht halten" schon ein anspruchsvolles Ziel sein. Wenn Sie starten, tun Sie es mit ganzer Kraft und nicht in Form eines „Versuchs". Beim Versuch sind schon 50 Prozent Scheitern eingeplant. Wechseln Sie die Fronten: Von der „Müssen"- auf die „Wollen"-Seite, das bringt mehr Spaß, und Ihr Gehirn wird Sie besser unterstützen, denn Vorfreude macht kreativ.

3. Vermeiden Sie jegliche Überforderung, sonst geben Sie zu schnell auf. Gehen Sie lieber kleine, lustvolle Schritte als große, schmerzhafte. Belohnen Sie sich schon für kleine Erfolge und verlassen Sie die Perfektionismusfalle.

4. Denken Sie neu. Alles, was keinen Spaß bereitet, ist langfristig zum Misserfolg verdammt. Ihre Erfahrung dürfte Ihnen das bestätigen. Je größer die Einschränkung war, umso eher haben Sie nicht mehr durchgehalten, und umso schneller haben Sie Versäumtes nachgeholt. Akzeptieren Sie Ihr Gewohnheitstier. Wie gesagt: Alles braucht Training, Geduld, Zeit, Wiederholung, Erfahrungen. Dann etablieren sich neue Gewohnheiten, und es wird immer leichter, nach den neuen Spielregeln zu leben.

Egal, ob Sie mit Ihrem Körper zufrieden sind oder nicht: Hier kommt noch einmal die Einladung zum sofortigen guten Leben. Sich das zu gönnen, was Sie wollen – und es nicht zu verschieben oder von Bedingungen wie einer bestimmten Körperform abhängig zu machen, deren Zustandekommen Sie nicht garantieren können.

Wie Sie die Macht der Essgewohnheiten brechen

Wenn Sie sehr bewusst essen, hat das seine Vorteile, birgt aber auch ein Risiko. Bekannt ist, dass gerade die kontrollierten Esser, also Menschen die sich genau überlegen, was, wie viel und wann Sie essen, ein hohes Gefahrenpotenzial für Fressattacken und Überessen haben. Zum einen, weil der Körper den Ausgleich für das Fehlende sucht. Zum anderen, weil es eine kraftraubende Leistung ist, ständig das eigene Essen zu kontrollieren.

Deshalb mache ich Menschen, die sehr bewusst mit ihrem Essen umgehen wollen, gerne den Vorschlag, einen „Jokertag" oder „Alles-erlaubt-Tag" pro Woche einzulegen. Dann wird – ohne Verbote – alles Beliebige und in jeder beliebigen Menge gegessen, das bringt seelische Erleichterung, hält den Stoffwechsel auf Trab und beugt einer Unterversorgung vor.

Noch mehr Tricks für bewusste Esser:

1. Räumen Sie Ihre Schränke leer, eliminieren Sie mögliche Versuchungen oder schlechte Angewohnheiten wie Zucker, weißes Mehl, Soßenbinder, geschälten Reis, Ketchup, Chips, gesalzene Nüsse, Süßigkeiten. Ganz einfache Regel: Was nicht da ist, ruft auch nicht!

2. Legen Sie Vorräte an von Dingen, die Ihrem Körper und Herzen guttun, wie Oliven oder eingelegtes Gemüse, Linsen, Vollkornnudeln, Joghurt, Äpfel, getrocknete Aprikosen, dunkle Schokolade …

3. Beachten Sie, was Ihnen wichtig ist: Wenn Sie gerne eine zweite Portion essen, bemessen Sie die erste Portionen so, dass dies ohne „Völlerei" möglich ist. Wenn Sie gern viel essen, bereiten Sie mehrere Gänge zu und beginnen Sie immer mit einem Salat.

Fetter Stress macht Stress mit Fett

Kommen wir zum Stress, der beim Gewicht eine bisher nicht genügend berücksichtigte, wenn nicht gar die Hauptrolle spielt. Die menschheitsgeschichtlich einst sinnvolle Kampf- oder Fluchtreaktion hat sich gewandelt zu einer Frust-Essen-Reaktion. Der Abfall des Blutzuckerspiegels führt zu Heißhungerattacken, die aufgenommene Energie wird nicht verbraucht, dafür – bevorzugt in der Körpermitte – als Stress-Fett gespeichert.
Am Ende jeder Stressreaktion des Körpers steht ein Auffüllen der Energietanks – ohne Prüfung, ob ein Energieverbrauch überhaupt stattgefunden hat. Heutzutage sind die meisten Menschen im Dauerstress, und der Stoffwechsel versucht, uns beim Überlebenskampf im Bürodschungel zu unterstützen. Sie können diesem Teufelskreis nur entgehen, wenn Sie besser für sich sorgen. Wenn Sie mehr Freude am Leben haben, können Sie das Essen aus seiner Ersatzrolle entlassen. Natürlich ist es aufwendiger, einen Konflikt im Büro oder

zu Hause zu lösen, als eine Tüte Gummibärchen zu vertilgen, doch langfristig zahlen Sie dafür mit Ihrer Gesundheit und einem größeren Konflikt.

Der Psychologe Andreas Winter zeigt in seinem Buch *Abnehmen ist leichter als Zunehmen* den Zusammenhang zwischen der Sehnsucht nach Wohlbefinden, Gewicht und Essen auf. Da „unter Druck abnehmen" ist wie „unter Druck einschlafen", nämlich fast unmöglich, sollte der Stressfaktor aus dem Thema „Gewicht" herausgenommen werden. Denn die Fettspeicherung ist eine gesunde Körperreaktion auf Stress.

Indem wir unsere Lieblingsspeisen essen, wieder und wieder, wollen wir den Stress reduzieren und das mit ihnen verbundene Wohlgefühl erneut erleben und festhalten. Gefühle können wir jedoch nicht festhalten. Stattdessen wird das Fett festgehalten, deshalb lautet auch Andreas Winters wichtigster Hinweis: „Essen Sie lieber nicht, um sich wohlzufühlen, sondern fühlen Sie sich wohl und essen Sie dann!"

Aktion

Überraschen Sie sich morgen beim Essen! Es gibt Theorien, die besagen, dass der Körper unbekannte Nahrung nicht speichert. Würzen Sie also mit neuen Kräutern. Kumin (Kreuzkümmel) passt gut zu Suppen, Kurkuma ist ein Allround-Talent, italienische oder ayurvedische Kräutermischungen sorgen für Abwechslung. Probieren Sie Exotisches – wie Kängurufleisch, Granatäpfel oder Macadamianüsse – und haben Sie den doppelten Effekt: Genuss und Wunschform.

Wie hat es Ihnen geschmeckt?

....

....

....

....

....

....

....

....

....

....

Setzen Sie Ihren Körper ein und steigern Sie Ihr Wohlbefinden

Mein Wissen

„Falls Sie sich einmal einen Schrittzähler anschaffen sollten, dann werden Sie nicht mehr nur die Ahnung haben, dass Sie sich zu wenig bewegen, sondern die Gewissheit. Und das jeden Tag. Wahrscheinlich wissen Sie, dass wir täglich 10.000 Schritte gehen sollen, damit wir richtig gut drauf sind und fit bleiben. Das ist ganz schön viel. Abgeleitet wird dies gern von unseren Vorfahren, die von Ort zu Ort gezogen sind. Ich habe mir die Frage gestellt, ob sie dabei gejoggt sind, wie es uns heute so gern empfohlen wird? Wohl eher selten, und wenn, dann nur die Männer beim Jagen von Tieren. Doch das ist ein anderes Thema. Unsere Familie ist seit einem Jahr mit Schrittzählern ausgerüstet. Das hat verschiedene Aspekte: Zum einen ist nun wirklich klar, dass der Gang vom Bett in die Küche, zum Auto, zum Schreibtisch, zum Essen und wieder zurück, es im Bestfall auf 2000 bis 3000 Schritte bringt. Zum anderen ist so ein Schrittzähler ein tolles, motivierendes Spielzeug, weil wir neue Entscheidungen treffen und im Bewusstsein des Zählens lieber einen Schritt mehr gehen als einen zu wenig. Außerdem ist zwischen uns ein regelrechter Wettbewerb ausgebrochen – wobei mein Tennis spielender Vater alle locker abhängt. Die Erkenntnis: Ohne Integration von Bewegungszeiten ist der Alltag viel zu sitzlastig."

Werden Sie wieder lebendig

Die einen sagen, drei bis fünf Einheiten Sport zu je dreißig Minuten pro Woche müssten es schon sein, andere betonen, die Fettverbrennung beginne überhaupt erst ab dreißig Minuten. Um sein Gewicht zu halten, müsse man täglich eine Stunde Ausdauertraining absolvieren, zum Abnehmen seien es dann schon neunzig Minuten. Wer soll das schaffen? Zumal bekannt ist, dass nicht alle Menschen durch sportliche Betätigung abnehmen. Bei einigen wird der Hunger so stark angeregt, dass sie mit Sport mehr essen als ohne.

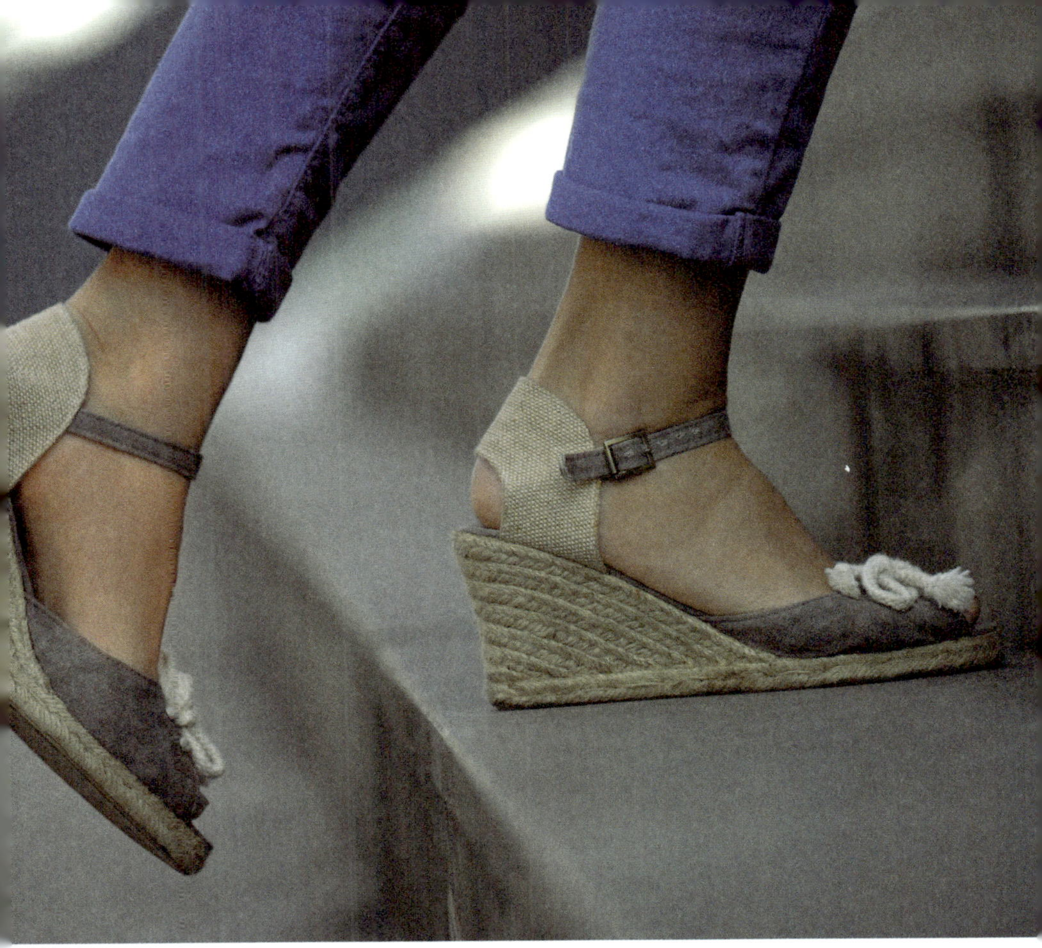

Allem Für und Wider voran steht jedoch, dass sich nur einige von uns im Erwachsenenalter noch gern bewegen. Zum einen kommen wir mit einer Konstitution auf die Welt, die nicht nur bestimmt, was wir gern essen, ob wir kalt oder warm mögen oder wie kräftig oder zart unsere Körper gebaut sind, sondern auch, ob wir uns gern oder weniger gern bewegen. Auch wachsen wir in einem Umfeld auf, das Freude an der Bewegung nicht unbedingt fördert. Mich hat es immer sehr gestört, dass es in der Schule überall Zensuren gab, statt dass ich einfach mal etwas hätte ausprobieren können. Es war auch zu wenig Zeit, um herauszufinden, welche Sportart ich mag.

Heute stehen uns viele Bewegungsmöglichkeiten offen: Von Kampfsportarten über Pilates und Tanz bis hin zu Yoga und Tai Chi, Klassiker wie Schwimmen, Laufen, Rad fahren und Tennis spielen.

Wenn wir aufhören, unseren Körper einzusetzen und zu trainieren, verlieren wir unsere Funktions- und Koordinationsfähigkeit, Ausdauer und Beweglichkeit … Es wird dann immer schwerer, wieder anzufangen, weil es sich nicht gut anfühlt, nicht gut aussieht und uns der Muskelkater quält. Doch auch auf diesem Gebiet ist es so, dass neue Gewohnheiten nach dreißig Tagen etabliert sind. Also heißt es: dranbleiben. Und dabei hilft enorm, wenn es Spaß macht.
Was könnten gute Gründe für Sie sein, in Bewegung zu kommen und/oder zu bleiben?

Ganz oben steht, dass wir Endorphine ausschütten, wenn wir uns bewegen, dass es Ihnen also einfach gut geht. Bewegung sorgt für Stressabbau, weil das Stresshormon Cortisol reduziert wird. An der Universität von South Carolina fand man heraus, dass Fitness wichtiger ist als ein normales Körpergewicht und selbst als ein normgerechter Bauchumfang. Bewegung sorgt für die Vernetzung der Gehirnhälften. Wir konzentrieren uns besser, der Blutzucker wird abgebaut, was Diabetes und Übergewicht vorbeugt.
Sie treten anders auf, wenn Sie fit sind, die Durchblutung Ihres Körpers wird verbessert und damit die Versorgung aller Organe und der Haut. Treffen Sie Ihre Wahl, was Sie am stärksten motiviert.

Aktion

Suchen Sie nach fünf richtig tollen Gründen, warum es sich für Sie lohnt, sich zu bewegen, und gehen Sie dabei draußen spazieren. Notieren Sie anschließend hier Ihre Ergebnisse:

1. ....
2. ....
3. ....
4. ....
5. ....

Gehen Sie mit Vorfreude an den Start

Gerade bei Zielen auf der Körperebene ist es wichtig, dass Sie das Schmetterlingsprinzip nutzen. Wenn Sie sich vorstellen, was Sie erreichen wollen, sollte das Ihr Herz hüpfen lassen. Ein bloßes „Ich will sportlicher sein!“ wird dafür nicht reichen. Vielleicht aber die Vorstellung, wie Sie im nächsten Urlaub beim Wandern so schnell sein werden wie die anderen, dass Sie Reiten lernen oder sich trauen, an einem Tanzwettbewerb teilzunehmen.

Gleiches gilt für Ihre Strategie. Halten Sie sich gern in der Natur auf? Dann gehen Sie nicht zum Schwimmen in die Halle. Lassen Sie sich von Kindern zum Toben verführen oder spielen Sie Tischtennis oder Handball, wenn Sie gern im Team sind. Sind Sie ein Wettkampftyp oder werkeln Sie gern allein vor sich hin? Suchen und probieren Sie, bis Sie fündig werden.

Ihr Körper ist ein Schatz, den es zu hüten gilt. Bedenken Sie, welche Missetaten er verzeiht, wie wenig wir uns um ihn kümmern und wie

viel er leistet. Er ist das Ergebnis unserer Entscheidungen, und mit dem, was Sie heute tun oder lassen, legen Sie die Grundsteine für Ihre Zukunft. Ihr Körper drückt aus, was Sie vom Leben halten und wie Sie es leben: aufrecht oder gebückt, stark oder schwach? Machen Sie es sich schwer oder leicht? Sind Sie flexibel oder starr?

Suchen Sie nach der Freude an Ihrem Körper. Was ist schön, was passt für Sie, was fühlt sich gut an? Selbst wenn Sie sich gerade in Ihrer Haut nicht wohlfühlen – es ist eine Frage der Perspektive, die „andere Seite der Medaille" zu entdecken. Suchen Sie nach einer neuen Beziehung zu Ihrem Körper und tun Sie das, was Ihnen Spaß bringt. Tanzen Sie in den Morgen, legen Sie mal wieder Musik auf, bei der Sie automatisch anfangen, sich zu bewegen. Entwickeln Sie eine Vision von Ihrem Körper und holen Sie sich Unterstützung bei deren Umsetzung. Ein Trainer, ein Fitness-Studio (nur wenn Sie wirklich gern hingehen!), ein Trainingsprogramm im Internet, DVDs. Ein kraftvoller, fitter Körper ist DER Gute-Laune-Macher.

Mein ♡ Wissen

„An dieser Stelle noch einmal zurück zu meiner fehlenden Freude am Laufen: Die Lösung war, dass ich den Gedanken zuließ, mit etwas aufzuhören, was mir offensichtlich nicht nur keinen Spaß machte, sondern womit ich auch keinen der von mir gewünschten Effekte erzielte. Ich deklarierte diesen Gedanken nicht länger als „aufgeben" oder „versagen", sondern erlaubte mir, nach etwas

zu suchen, was mich wirklich erfreut.
Meine Entdeckung war dann Tracy Anderson, eine amerikanische Fitnesstrainerin, die Aerobic und Krafttraining neu kombiniert, und zwar so, dass speziell Frauenkörper davon profitieren und von innen, über die kleinen Muskeln, geformt werden. Ich schwitze, wann immer ich das Programm vor meinem Laptop absolviere, hüpfe mit Musik und genieße es, meine Muskeln beim Training mit Stuhl und Matte zu spüren. Natürlich hatte ich nicht tagelang, sondern monatelang Muskelkater, natürlich dachte ich, dass ich es nie schaffen würde, mich so geschmeidig zu bewegen. Doch ich hatte mehr und mehr Spaß, und heute belohnen mich mein energievoller Körper, meine gute Laune und meine Wunschform. Das Stichwort in Tracy Andersons Konzept, das mich angesprochen hat, war „Anmut". Das war genau das, was ich wollte und wofür es sich für mich lohnt, mich anzustrengen."

Schreib's auf!

Machen Sie das Bewegungsinterview mit sich:

Was will ich erreichen? (Kraft, Ausdauer, Beweglichkeit, Straffheit …)

Ich möchte ein bisschen mehr Kraft haben, mehr Ausdauer eine aufrechtere Haltung, beweglicher sein, mehr Leichtigkeit haben, ein straffes glattes Bindegewebe

Wie fühle ich mich wohl? (drinnen oder draußen, allein oder mit einem oder mehreren anderen …)

draußen fühle ich mich wohl. Drinnen wie eingesperrt u. ich fühle mich an der frischen Luft wacher, freier kann besser atmen.

Bin ich der Kraft- oder der Ausdauertyp?

Ich mag die Mischung u. weiß wie gut mir das tut.

Habe ich mich als Kind/Jugendlicher gern bewegt? Und wenn, wie?

Ich bin Fahrrad gefahren, Inline geskatet, habe Gummitwist gespielt, bin schwimmen gegangen bin gerne gelaufen. Als Teenager Kraft+Ausdauertraining im Studio.

Wie viel Zeit möchte ich täglich/wöchentlich in mein Körpertraining investieren?

Am liebsten 3mal wöchentlich 1 1/2 bis 2 Stunden am Tag

Wann tut mir Bewegung gut? Morgens, mittags, abends?

Mir tut Bewegung morgens u. mittags gut.

Was ist mir noch wichtig? (kurze Wege, schöne Umgebung, schicke Kleidung, Musik …)

Kurze Wege u. sichere Wege die mir Vertrauen geben schöne Umgebung, auf jeden Fall Musik, Passende Kleidung.

Regenerieren Sie sich optimal und bleiben Sie jung

„Wir alle wollen lange leben, doch wir fragen uns selten, wie das genau aussehen soll. Entwerfen Sie ein Bild von sich, wie Sie mit 40, 50, 70 oder 80 sein wollen, wie fit, wie beweglich, wie kraftvoll. Suchen Sie sich Vorbilder, schreiben Sie auf, was Sie im Einzelnen an ihnen interessant finden und was Sie nachmachen wollen. Eines meiner Vorbilder in Sachen Körper ist Dinah Rodrigues, die Erfinderin des Hormon-Yogas. Genauso grazil, anmutig, beweglich und fit will ich mit 80 sein."

Wir leben in einer Kultur, in der Älterwerden als unangenehm empfunden wird und mit der Erwartung von Defiziten und Einschränkungen einhergeht. Auch hier gilt es zu bedenken, dass unsere Erwartungen bestimmen, was wir tun und wo wir landen.

Die Aussicht auf ein besseres „Morgen" reicht nicht. Wenn wir Rentner sind – ja, dann machen wir die Weltreise, ja, dann fahren wir jedes Wochenende in den Garten. Vielleicht, vielleicht auch nicht. Denn für all das, was wir so locker auf „später" verschieben, ist die Voraussetzung, dass es uns gut geht. Wir wollen ja mit der Kraft und Gesundheit von heute im Morgen die tollen Dinge erleben. Also sollten Sie auch etwas dafür tun, dass es so kommt.

Schlafen Sie gut

Schlafstörungen entstehen am Tag. Es fehlen die geistige und die körperliche Entspannung, wir schalten nicht ab, sondern sind gefangen in den Problemen des Alltags. Wer nachts wach liegt, kann keine Gute-Laune-Hormone oder das Junghormon HGH produzieren. Das Stresshormon Cortisol wird nicht abgebaut, sondern zusätzlich das Hungerhormon Ghrelin produziert. Nur in der Tiefschlafphase regeneriert sich das Immunsystem. Nachts finden Verarbeitungs- und Entgiftungsprozesse statt. Das Gehirn verarbeitet die Informationen des Tages, und das Unterbewusstsein – das, wie wir wissen, tag- und nachtaktiv ist – beschert uns schönere oder weniger schöne Träume. Schlafstörungen können ein wichtiges Signal für Überforderung sein. Ergebnisse sind Müdigkeit, Unkonzentriertheit, Gereiztheit. Wenn wir uns nicht wohlfühlen, sind wir nicht leistungsfähig, und so kommt zum Stress von außen der hausgemachte noch dazu.

Eine wichtige Voraussetzung für erholsamen Schlaf ist der deutliche Abstand zur Arbeit. Deshalb ist es sehr zu begrüßen, dass die ersten Unternehmen abends die Handys und E-Mail-Accounts ihrer Mitarbeiter abschalten lassen, da wir es offenbar kaum mehr alleine schaffen, ein gesundes Maß an Erreichbarkeit und Engagement einzuhalten.

Die Rund-um-die-Uhr-Verfügbarkeit des Web, der Social-Media-Plattformen und des Intranets hat uns zu Süchtigen gemacht, die ihre Gesundheit und ihr Wohlbefinden einem fiktiven Leistungsfähigkeits-Ideal opfern wie auch der Angst, etwas zu verpassen.

Schlafstörungen sind sehr unangenehm, und wie bei allen unangenehmen Problemen besteht die Gefahr, dass wir uns auf das Problem konzentrieren, statt auf die Lösung. Natürlich liegt diese nicht immer einfach so auf der Hand. Wenn Sie jedoch genau wissen, ob Sie „gut und schnell einschlafen“ oder „erfrischt aufwachen“ oder „erholsam durchschlafen“ wollen, geht es los. Ermitteln Sie, was Sie von Ihrem Optimum abhält und seien Sie ehrlich zu sich. Wenn Sie es sich beispielsweise zur Gewohnheit gemacht haben, vor dem Fernseher einzuschlafen, werden Sie später wahrscheinlich wach liegen.

Schnarchen, Licht, Geräusche, Alkohol, aber vor allem Angst, Unruhe oder Sorgen halten uns vom Schlafen ab. Nutzen Sie Ihre Erfahrungen: Wie ist es im Urlaub, wie war es früher? Irgendwann haben Sie sicher gut geschlafen. Was war anders? Was können Sie nachmachen? Holen Sie sich Hilfe. Fragen Sie Bekannte nach ihren Tipps, lesen Sie, probieren Sie alles aus: Von heißer Milch über Schüssler Salze bis zu Lavendel auf dem Kopfkissen – vieles kann hilfreich sein.

Aktion

Gehen Sie morgen einmal vor 22 Uhr oder noch zeitiger schlafen und schlafen Sie sich richtig aus.

Wie fühlen Sie sich am Morgen danach?

....

....

....

....

Wie fit sind Sie den Tag über?

....

....

....

....

Vielleicht können Sie künftig ein Mal in der Woche früher ins Bett gehen. Was müssten Sie dafür an Ihrem gewohnten Alltagsrhythmus ändern?

Früher ins Bad, ohne
Umwege ins Bett.
Mich aufs schlafen ein-
stimmen.

übrigens jede Körperzelle rund um die Uhr, und sie ist ein Zeichen von Gesundheit.

So geben Sie negativem Stress keine Chance!

Stress mit dem Stress bekommen wir erst, wenn wir die Situation und die wahrgenommenen Informationen als Überforderung, Gefahr, unangenehm und Ähnlichem bewerten. Die Bewertung ist der Schlüssel dazu, welche Folgen der Stress für uns hat. Die Positive Psychologie sagt: Der objektive Beitrag der Umstände zum Glück beträgt 10 Prozent, der Rest ist Bewertung. Nun sollten wir uns allerdings davor hüten, optimistisches oder positives Denken mit Schönfärberei zu verwechseln.

Das erste Werkzeug des positiven Denkens, die Autosuggestion, wurde von einem französischen Apotheker zur Zeit des Ersten Weltkriegs entwickelt. Er hatte festgestellt, welche kraftvolle Rolle unsere Vorstellungskraft spielt. Seit den 90er-Jahren wurde dann unter der Überschrift „Positives Denken" mehr und mehr für „Dauerlä-

Entwickeln Sie „Stress-Souveränität"

Wurden unsere Eltern gefragt, wie es ihnen gehe, haben sie geantwortet: „gut" oder: „passt" oder was sie gerade Besonderes taten. Keiner hat gesagt: „Ich habe Stress" oder: „Ich weiß nicht, wie ich alles schaffen soll". Binnen weniger Jahrzehnte hat sich unser Umfeld drastisch verändert. Wir kennen den Stressbegriff seit den 70er-Jahren, in den 90ern ist er in unseren Alltag und unsere Wahrnehmung eingezogen – und heute ist er das Thema schlechthin. Natürlich wissen wir, dass Stress an sich nicht schlecht ist.
Es ist zunächst eine Anpassungs- und Aktivierungsreaktion auf sich verändernde Umstände. Diese Anpassungsleistung vollbringt

cheln" und das Ignorieren von Problemen geworben. Das ist für viele zu einem richtigen Stressfaktor geworden, wie ich bereits in Teil 1 ausgeführt habe.

Das positive Denken an sich ist eine wertvolle Methode, was daraus gemacht wurde, eher Druck. Denken Sie also ruhig positiv über das Leben, aber bleiben Sie dabei realistisch. Dramatische Lebenssituationen sind dramatisch, enttäuschend, schmerzhaft und nicht nur „Chancen zum Wachsen".
Das heißt, wir sollten nicht so tun, als wäre eine unangenehme Situation nicht unangenehm – das Beste daraus machen können wir aber trotzdem.
Und dies ist ein wichtiger Beitrag zur Stressreduktion: das Gefühl, etwas tun zu können, nicht den äußeren Umständen ausgeliefert zu sein. Das können wir trainieren und uns im Stressfall immer wieder klarmachen, dass wir unsere Entscheidungen selbst treffen, dass wir selbst wählen und uns folglich auch ganz anders entscheiden könnten.
Wenn ich sage: „Die Bewertung ist Teil der Lösung", dann sind die Umstände natürlich der andere Teil. Das heißt, wir benötigen sowohl individuelle Werkzeuge im Umgang mit der (Arbeits-)Welt und ihren Anforderungen als auch Bedingungen, die fördern, dass wir selbst gut für uns sorgen, und die zu uns passen.

Fast jeder von uns beklagt seinen Mangel an Zeit. Auf die Frage: „Würden Sie Ihren Lebensstil ändern, wenn Sie dadurch mehr Zeit hätten?" antwortet aber eine klare Mehrheit mit „Nein". Das ist doch kurios! Also hetzen wir lieber durchs Leben und haben das Gefühl, dass uns die Zeit durch die Finger rinnt.
Wie kommt das? Häufig wird behauptet, das sei eine Frage des Alters, doch Kinder empfinden heute schon genauso. Ich selbst folge zwei Thesen: Die eine ist, dass wir unsere Tage immer voller packen und dadurch das Gefühl haben, zu hetzen. Außerdem sind wir kaum bei der Sache. Das meiste, was wir tun, tun wir routinemäßig, sprich: ohne Aufmerksamkeit, automatisiert. Auch dadurch bekommen wir das Gefühl, die Zeit würde uns davonrennen.

Stefan Klein stellt in seinem Artikel „Takt des Lebens“ im Manager Magazin fest, dass wir nicht gestresst sind, weil wir keine Zeit haben, sondern dass wir keine Zeit haben, weil wir gestresst sind. Das heißt: Der Zeitdruck entsteht dadurch, dass unser Gehirn falsch benutzt wird. Wir schütten es mit Informationen zu, setzen keine Prioritäten und haben keine Orientierung, sodass seine Verarbeitungskapazitäten an ihre Grenzen gelangen. Und zwar im Hinblick darauf, dass wir ständig ganz viele Entscheidungen treffen müssen und Angst haben, das Falsche zu wählen.

Angst erzeugt Druck, der uns vom cleveren Denkhirnmodus in den eingeschränkten Emotionsmodus umschalten lässt, wodurch wir weniger Spielräume nutzen und den sogenannten Tunnelblick bekommen. Wir nehmen Alternativen nicht mehr wahr und tun, was wir schon immer getan haben – egal ob es angemessen ist oder nicht. Wir bringen die Dinge nicht zu Ende und verzetteln uns mit Unwesentlichem. Dadurch entsteht der nächste Druck.

Wenn wir uns nun noch klarmachen, dass die oberste Aufgabe des Gehirns nicht das Denken, sondern das Steuern von Prozessen im Körper ist, wird deutlich, warum wir uns schlecht fühlen. Unter starken psychischen Belastungen funktioniert das Gehirn nicht mehr optimal. Das Stresshormon Cortisol wird vom Aktivitätsförderer zur Gefahr und bringt körperliche Schäden wie Diabetes oder Depression mit sich. Hier erkennen Sie, warum es so wichtig ist, das Stresshormon Cortisol abzubauen – etwa durch Bewegung.

Schreib's auf!

Wie entsteht Ihr Zeitdruck?
Kreuzen Sie an:

- ☐ Unrealistische Ziele
- ☐ Zu viel auf einmal
- ☐ Falsche Zeitdauereinschätzung
- ☐ Perfektionismus
- ☐ Grübeln
- ☐ Zu viel Unwichtiges
- ☐ Viel anfangen und nicht zu Ende bringen
- ☐ Sich ablenken lassen
- ☐ Mangelnde Vorbereitung
- ☐ Trödeln
- ☐ Nicht „Nein“ sagen können
- ☐ Überforderung
- ☐ In Gedanken woanders sein
- ☐ Unkonzentriertheit
- ☐ Müdigkeit
- ☐ Gleichgültigkeit
- ☐ Mangelnde Selbstdisziplin

Oder:

....

....

....

....

....

Hegen und pflegen Sie Ihr Gehirn

Betrachten wir einmal das Körperorgan genauer, das alle anderen lenkt und leitet. Es macht nur etwa 2 Prozent unserer Körpermasse aus und hat im Verhältnis zu seinem Gewicht den höchsten Sauerstoff- und Energiebedarf. Wie ein Hochleistungsrechner braucht es für die Spitzenleistung, die wir ihm heute abverlangen, regelmäßige Wartung und Pflege – dabei gibt es Förderliches und Hinderliches.
Das Gehirn braucht Abwechslung und Nutzung, Eintönigkeit und Stress schaden. Gehen Sie täglich ins Freie, die Sonne senkt den Appetit auf Süßes – denn zu viel Zucker ist Gift für das Gehirn – und bringt Vitamin D. Licht ist außerdem ein höchst wirkungsvolles und kostenloses Antidepressivum.
Bauen Sie täglich aktiv Stress ab. Falls Sie nun denken, abends vor dem Fernseher zu liegen, sei ein probates Mittel, irren Sie sich. Fernsehen führt zur vermehrten Produktion des Stresshormons Cortisol und stört – insbesondere bei Kindern – den Schlaf-Wach-Rhythmus. Besser sind Aktivitäten, die sich deutlich von Ihren sonstigen Tätigkeiten unterscheiden. Musizieren, Singen, Tanzen und Bewegung fördern die Nutzung der Gehirnteile, die wir infolge unserer heutigen eher strukturierten und rationalen Routinen vernachlässigen.
Die Belastungen unseres normalen Alltags sind noch nicht schädlich für uns. Es ist vielmehr der Mangel an Erholung, Verarbeitung, Pausen und positiven Erfahrungen, der

verhindert, dass ein Gleichgewicht für Körper und Kopf wiederhergestellt werden kann. Wie wäre es mit dem sogenannten Kurzschlaf, dem *Powernapping*, für tägliche intensive Erholungsmomente? Damit ist nicht der gemütliche sonntägliche Mittagsschlaf gemeint, sondern zehn bis fünfzehn Minuten Entspannung, bei der Sie eventuell kurz, aber nicht tief einschlafen. Legen Sie sich dazu auf das Sofa, statt ins Bett, oder setzen Sie sich in einen Sessel.

Verbessern Sie Ihre geistige Leistungsfähigkeit, Konzentration und Ihr Gedächtnis mithilfe von Fisch, Nüssen, Olivenöl, Kakao, reichlich Wasser und wenig Brot, Kartoffeln, Reis. Durch die Umsetzung der Theorien der letzten Jahre, die Fett aus unserer Küche verbannt haben, hat unser Gehirn gelitten. Ungesättigte Fettsäuren sind die beste Hirn-Pflege, zudem verhindern sie Stimmungsschwankungen. Da das Gehirn zum Großteil aus Wasser besteht, versteht es sich von selbst, dass es viel Wasser braucht. So kann man Kopfschmerzen oft durch das Trinken eines halben Liters Wasser lindern.

Aktion

Achten Sie morgen auf reichlich gesunde Fette in der Ernährung (z. B. früh Sahne mit Obst, mittags Fisch, eine Handvoll Nüsse, Olivenöl/Arganöl/Leinöl satt …) und konzentrieren Sie sich auf Ihre geistige Fitness. Hat es funktioniert?

....

....

....

....

....

....

Jeder Tag gehört Ihnen

Ein erheblicher Stressfaktor für das Gehirn ist die Tatsache, dass sich unsere Arbeitszeit immer weiter in den Bereich von Freizeit und Schlaf verschiebt. Wir haben keinen Wechsel in der Art der Tätigkeit, wir schalten nicht ab, haben wenig Erholung. Je länger wir arbeiten, umso schlechter können wir abschalten, umso schlechter schlafen wir. Wenn wir uns in der Früh gut fühlen, können wir unsere Aufgaben leichter und besser erfüllen, wir helfen Kollegen mehr und bewältigen Probleme aktiver.

Die Arbeits- und Organisationspsychologin Sabine Sonnentag betreibt an der Uni Konstanz Stressforschung. Nach ihren Erkenntnissen ist es das Wichtigste, aus den Alltagsroutinen herauszukommen, egal, ob aktiv oder passiv. In der Freizeit und erst recht im Urlaub. Je besser uns das gelingt, umso stärker wird das Gefühl der „Auszeit". Es gilt, das ständige Denken an die Arbeit abzuschalten, die permanente Erreichbarkeit einzuschränken. „Abschalten" heißt auch, alle Kommunikationsmittel abzuschalten, die „virtuelle Nabelschnur" aktiv zu handhaben sowie sich den Feierabend und den Urlaubseffekt zu zu erhalten. Sport und ein Ehrenamt fördern die Erholung. Im Übrigen hat Sabine Sonnentag auch mit dem alten Mythos aufgeräumt, dass nur ein Urlaub von mehr als drei Wochen effektiv sei. Offenbar ist jeder Urlaubseffekt, egal, ob von einem Kurz- oder Langurlaub, nach vier Wochen sowieso dahin. Laut der

Expertin ist es also besser, öfter und kürzer Urlaub zu machen und dabei wirklich etwas anderes zu tun als sonst.

Mein ♡ Wissen

„Als Vielarbeiterin war ich beruhigt, zu lesen, dass wir durchaus mal am Wochenende arbeiten können, allerdings unter der Voraussetzung, dass wirklich genug Zeit für anderes bleibt. Vielleicht geht es Ihnen wie mir, und Sie lieben Ihre Arbeit und haben viel Spielraum bei der Gestaltung. Dann ist die Gefahr besonders groß, dass wir gar nicht merken, wie bei der Arbeit die Zeit vergeht. Ich bezeichne dies gern als „lustvolles Ausbrennen". Und wenn Sie, wie ich, eine Arbeit haben, bei der Sie viel am Computer sitzen, wird es umso entscheidender, was Sie in der Freizeit machen. Sitzen wir da nicht auch schon wieder am Computer? Planen Reisen, lesen Nachrichten, chatten, schauen nach Modetrends und Sportergebnissen? Wann haben Augen und Gehirn, Rücken und Arme eine Pause? Wohl erst, wenn der „Mouse-Arm" da ist!"

Sie entscheiden, wie viele und welche Stressfaktoren es in Ihrem Leben gibt und welche Balance. Beginnen Sie in Ihrer direkten Umgebung, mit Dingen, die Sie leicht beeinflussen können. Besorgen Sie sich beispielsweise ein Stehpult, lüften Sie viel, trinken Sie Wasser, machen Sie Augenübungen, verwenden Sie Raumdüfte und – vor allem – legen Sie Pausen ein! Wechseln Sie die Art der Tätigkeit mindestens alle neunzig Minuten. Sie kennen wahrscheinlich das Konzept, Gleichartiges wie Telefonieren oder das Schreiben von E-Mails zu bündeln. Dadurch werden Sie nicht nur effektiver, sondern sind auch leistungsfähiger. Und vor allem: Ändern Sie, was Sie stört! Das geht bei quietschenden Türen los und hört bei lieblosen Beziehungen auf.

Stress schnell und effizient reduzieren

Achten Sie auf Selbstbestimmung statt Fremdbestimmung. Ein Beispiel? Lesen Sie niemals morgens als Erstes Ihre E-Mails. Sie sind sonst sofort fremdbestimmt, Sie reagieren, statt zu agieren. Nur schnell diese eine Sache beantworten und kurz hier noch eine Meinung dazu abgeben –, und schon sind zwei Stunden vergangen. Sie haben Ihren Fokus verloren und das, was Ihre Prioritäten für diesen Tag waren.

An dieser Stelle möchte ich die 3-Minuten-Ärger-Regel wiederholen. Ärgern Sie sich maximal drei Minuten lang! Alles andere ist Energieverschwendung und bringt keine Lösungen. Ärger schaltet nicht nur Ihr Denkhirn aus, sondern vergiftet auch die Situation. Lernen Sie, Ärger zu begrenzen und gewinnen Sie Souveränität.
Aus der Resilienzforschung können wir lernen, dass Menschen, die resilienter, also widerstandsfähiger sind, unangenehme Ereignisse nicht etwa als angenehm ansehen. Nein, sie reagieren davor und danach anders. Sie sorgen sich weniger und befassen sich mit etwas Unangenehmem erst, wenn es eintritt. Und sie lassen Unangenehmes schnell wieder los, wenn es vorbei ist, anstatt es mental ständig wiederzukäuen. Sie erholen sich schneller. Dies hat Barbara Fredrickson in ihren Untersuchungen gezeigt. Sie konnte durch Messungen an Gehirn und Blutdruck nachweisen, dass gute Gefühle wie eine „Reset-Taste" wirken und das Herz, den orbitofrontalen Cortex („Sorgenareal" im Gehirn) wie auch den Blutdruck nach einer Aufregung beruhigen. Wenn Sie nur ganz wenig Aufwand betreiben wollen, sollten Sie sich dafür entscheiden, gut zu sich zu sein. Wenn es Ihnen gut geht, wenn Sie mit sich im Reinen sind, kann die Welt kopfstehen, und es wird statt negativem Stress eine angenehme Herausforderung für Sie sein.

Beruhigen Sie Ihren Geist

„Meditation macht glücklich. Garantiert. Denn jeder, der nicht meditiert, ist allein schon deshalb unglücklich, weil er glaubt, er müsse eigentlich meditieren", schrieb Oskar Holzberg in der Brigitte Woman. Köstlich. Ja, warum sollen wir denn auf einmal alle meditieren? Wieso interessieren wir uns plötzlich für eine 2500 Jahre alte Technik?

Unsere Ängste, Sorgen, Zweifel, Unzufriedenheit und Unruhe entstehen im Kopf. Wellness, Massagen und Sport tun kurzfristig gut, helfen vor allem dem Körper, sich zu entspannen, doch häufig können wir das nicht einmal genießen, weil in unseren Köpfen das Gedankenkarussell kreist. Deshalb müssen wir – wenn wir uns besser fühlen wollen – für unseren Geist etwas tun.

Es gibt viele Techniken, Körper und Geist zu entspannen. Sie haben vielleicht schon autogenes Training, Traumreisen, progressive Muskelrelaxation oder QiGong probiert. Alles wirkt, aber keines bei allen gleich gut. Auch dabei gilt wieder: ausprobieren und beobachten, was Ihnen weiterhilft.

Meditation hat kein Ziel. Sie beobachten nur Ihre Gedanken, Ihren Körper und konzentrieren sich auf sich selbst. Also auch dann, wenn in Ihrem Kopf die Gedanken nur so toben, meditieren Sie richtig. Denn Meditation will nichts verändern, auch nicht negative Gedanken loswerden, sondern will sich konzentrieren: auf den Augenblick, auf sich selbst oder andere Menschen und bestimmte Gefühle, wie etwa Liebe.
Das Wertvolle an der Meditation ist aus meiner Sicht ganz schlicht, dass wir uns Zeit nehmen für uns selbst und uns zurückziehen aus der anstrengenden Reizüberflutung des Alltags. Wir trainieren dadurch, mehr auf uns zu achten. Wir lernen wahrzunehmen, ohne zu bewerten, und entkommen so unseren Wohlbefindensfallen. Wir sind raum- und zeitunabhängig. Wir können überall und immer meditieren, wir benötigen keine Ausbildung, kein Rezept, und es kostet nichts.

Meditation

- verbessert den Schlaf
- macht leistungsfähiger
- löst Verspannungen
- stabilisiert das Immun- und Hormonsystem
- reguliert Blutdruck und Blutzucker
- steigert das allgemeine Wohlbefinden
- verringert die Stress-Sensibilität durch Zellumbau im Gehirn
- hilft dabei, Ängste und Depressionen zu bewältigen
- verbessert die Gehirnfunktionen

„Meditation
ist ein nebenwirkungsfreier
natürlicher Stimmungs-
aufheller."

Best of Meditation für Einsteiger

Wie können Sie nun die Prinzipien der Meditation für sich nutzen? Es gibt zahlreiche Möglichkeiten: Sie können allein üben, unter Anleitung oder sich einer Schule anschließen bzw. einen Lehrer suchen. Hier ein paar einfache Übungen:

1. Zählen Sie von 100 rückwärts bis 0. So oft, wie es Ihnen gefällt. Durch das Rückwärtszählen verringert sich die Frequenz unserer Gehirnwellen in Richtung wacher Entspannung.

2. Konzentrieren Sie sich auf Ihren Atem, beobachten Sie, wie Sie ein- und ausatmen; für mich war dabei die Konzentration auf die Nasenspitze besonders hilfreich.

3. Probieren Sie den „Bodyscan", bei dem Sie sich auf Ihre Atmung konzentrieren und in Gedanken alle Körperteile durchgehen. Sie nehmen einfach wahr, wie sich Ihre Zehen, Fersen, Waden usw. anfühlen. Wo besteht eine Anspannung, welche Temperaturen nehmen Sie wahr? Dabei lenken Sie Ihre Aufmerksamkeit auf Ihren Körper. Er ist immer im Augenblick, und Sie können Anspannung loslassen.

4. Sie können Gedichtzeilen verwenden oder auf geführte Meditationen zurückgreifen, wobei die „Liebende-Güte-Meditation" von Barbara Fredrickson als besonders wirkungsvoll getestet wurde. Im Literaturverzeichnis finden Sie zu dieser Meditationsform meine Lieblings-CD von Ayya Khema.

5. Ich habe kürzlich auch die Kundalini-Meditation von Osho entdeckt. Dies ist eine sehr effiziente Kombination von Arbeit mit Körper und Geist. Sie besteht aus vier Teilen. Zunächst wird der Körper einfach nur geschüttelt. Dadurch werden Verspannungen gelöst und alle Körperflüssigkeiten aktiviert. (Sie kennen das vielleicht als Qi-Gong-Übung.) Danach wird getanzt, gehüpft, dem Bewegungsdrang des Körpers nachgegeben. Es folgen ein Teil Konzentration/Meditation und ein Teil Ruhe. Jeder Teil dauert fünfzehn Minuten. Sich eine ganze Stunde nur auf sich zu konzentrieren, ist eine Herausforderung und Wohltat – es lohnt sich.

Damit wären wir auch bei der Frage, wie lange und wie oft Sie meditieren sollten. Da hat jede Schule und Theorie ihre eigene Meinung. Ich denke, zehn Minuten sind ein guter Anfang, und auch diese Zeit müssen Sie sich erst mal nehmen. Fünfzehn bis zwanzig Minuten ein bis zwei Mal am Tag wären optimal. Morgens hilft die Meditation, den Tag ruhig, konzentriert und mit Achtsamkeit zu beginnen. Nachmittags ist sie eine großartige Pause, um dann mit frischer Kraft und frischem Geist weiterzumachen. Abends hilft sie, zur Ruhe zu kommen und gut zu schlafen. Inhalt und Form können Sie nach Bedarf variieren.

Eine ganz alte Form, die Gedanken meditativ zu betrachten, wurde durch den amerikanischen Arzt Frank Kinslow mit seiner „Quantenheilung" wiederbelebt. (Auch hierzu finden Sie meine Lieblings-CD im Anhang.) Was passiert? Es wird gelehrt, auf die Lücken zwischen den Gedanken zu achten. In dieser kurzen Leere entspannen Körper und Geist. Dies gelingt besonders gut, wenn Sie das Ihnen aus Kapitel 3 schon bekannte „ich denke" oder „ich fühle" zwischen Gedanken und Gefühle setzen und sich die Gedanken auf diese Weise verlangsamen. Wir gewinnen Abstand, und durch die Entspannungsreaktion, die Frank Kinslow „Eu-Gefühl" nennt, können wir für Wohlbefinden in den anspruchsvollsten Situationen sorgen. Die Übungen dauern gerade mal zehn Minuten und sind die perfekte Notfallmedizin bei Gehirnmobbing.

Am Schluss dieses Kapitels kommt noch eine Warnung bezüglich der Meditation: Wenn Sie meditieren, um etwas zu erreichen, meditieren Sie nicht. Überprüfen Sie Ihre Absicht. Kann es sein, dass Sie nach einem Weg suchen, um noch besser zu „funktionieren", sich nach der körperlichen Fitness nun auch noch die mentale Fitness zu verordnen? Wollen Sie noch mehr aushalten oder auch noch die letzten Kapazitäten aus sich herauskitzeln? Dann lassen Sie es lieber. Wenn Sie sich jedoch einfach etwas Gutes tun wollen, dann nur zu und viel Freude dabei! Ändern Sie die Grundlagen für Stress dort, wo er anfängt: im unruhigen Geist.

Aktion

Wie finden Sie geistig zur Ruhe?
Was hilft Ihnen, abzuschalten?

....

....

....

....

Welche der hier vorgestellten Meditationsmethoden könnte zu Ihnen passen?

....

....

....

....

Testen Sie direkt mal die Atem-Meditation. Wie fühlt sich das an? Fällt es Ihnen leicht, sich für ein paar Minuten nur auf Ihren Atem zu konzentrieren?

....

....

....

....

Eine passende Wochenaktion zum Üben gibt's im Tagebuch auf den Seiten 188–191.

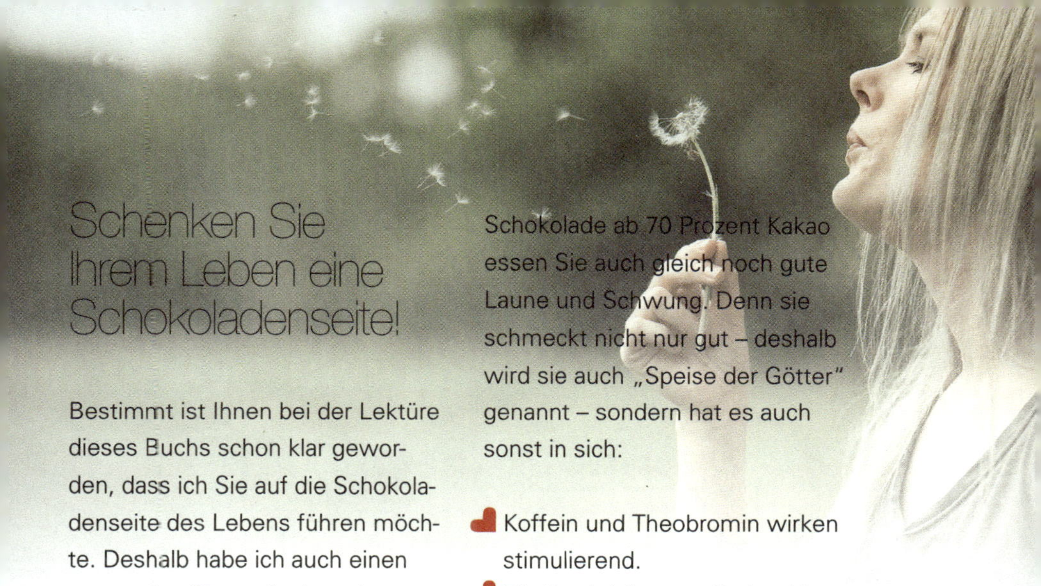

Schenken Sie Ihrem Leben eine Schokoladenseite!

Bestimmt ist Ihnen bei der Lektüre dieses Buchs schon klar geworden, dass ich Sie auf die Schokoladenseite des Lebens führen möchte. Deshalb habe ich auch einen passenden Slogan kreiert, der gut zusammenfasst, was ich meine:

„Leben ist wie Schokolade essen, voller Möglichkeiten, Freude und Genuss."

Entwickeln Sie eine Schokoladenstrategie für Geist und Körper in Ihrem Alltag

Gestalten Sie Ihr Leben mit dem Schokoladenmotto bewusst, gesund und glücklich. Schokolade essen kann jede/jeder. Und es geht leicht. Oder haben Sie sich schon mal zum Naschen gezwungen? Oder sind Sie danach völlig erschöpft gewesen? Warum sollte nicht alles im Leben so leicht und angenehm sein wie Schokolade essen? Schokolade ist Glück, das man anfassen und essen kann. Mit Schokolade ab 70 Prozent Kakao essen Sie auch gleich noch gute Laune und Schwung. Denn sie schmeckt nicht nur gut – deshalb wird sie auch „Speise der Götter" genannt – sondern hat es auch sonst in sich:

- Koffein und Theobromin wirken stimulierend.
- Die Produktion von Endorphinen (Glückshormone) und Dopamin (Belohnungshormon) wird angekurbelt.
- Phenethylamin (kennen wir vom Verliebtsein) hellt die Stimmung auf.
- Serotonin sorgt für Entspannung.
- Ölsäure ist gut gegen Stress.
- Polyphenole bändigen freie Radikale, die für Herzinfarkt und Krebs verantwortlich sind.
- Kalium hilft beim Denken.

Besonders bemerkenswert ist, dass schon allein der Geruch von Kakao die Frequenz unserer Gehirnwellen in Richtung Alpha-Zustand lenkt, den Idealzustand der entspannten Wachheit, in dem wir besonders kreativ sein können. Nutzen Sie diesen Effekt doch einmal im Büro.

Psychologen der Universität Bristol fanden heraus, dass bereits 50 Gramm Schokolade reichen, um Konzentration und Reaktionsvermögen zu steigern. Und die gute Nachricht für alle Figurbewussten lautet: Dunkle Schokolade beeinflusst den Blutzuckerspiegel kaum, denn es wird kaum Insulin ausgeschüttet. So landen Nahrungsfette nicht auf der Hüfte.

Mein ♡ Wissen

„Hier verrate ich Ihnen einen meiner wirkungsvollsten Tipps für meine Klienten: Essen Sie Schokolade, bevor Sie Appetit darauf bekommen. Am besten ist es, dafür einen festen Rhythmus zu etablieren, beispielsweise nach dem Mittagessen. Schokolade, ich meine natürlich immer die dunkle ab 70 Prozent Kakao, passt in jede Tasche, sodass sie überall griffbereit ist. Mit dieser Strategie verhindern Sie Heißhungerattacken. Es ist meist auch eine seelische Entlastung, zu wissen, dass Schokolade von nun an nicht mehr verboten, sondern geradezu Pflicht ist. Das heißt auch, dass Sie in Ihrem Leben Schluss machen sollten mit anderen Verboten und Geboten, die nicht konstruktiv sind. Gleichzeitig erinnert uns der regelmäßige Schokoladengenuss täglich mindestens ein Mal daran, uns etwas Gutes zu tun. Und sich Gutes tun fängt beim Essen an."

Schreib's auf!

Was bedeutet Genuss für Sie? Was genießen Sie schon jetzt und was ab sofort noch viel mehr? Erstellen Sie eine Liste Ihrer persönlichen Genüsse:

Genussvoll zu trinken, passt bestens auf die Schokoladenseite. Wie wäre es mit grünem oder weißem Tee? Beide sind famose Quellen für Katechine, eine hochwirksame Verbindung aus der Familie der Flavonoide, der sekundären Pflanzenfaserstoffe. Warum sollten Sie die Katechine interessieren? Weil sie für Herzkreislaufschutz, Potenzierung des antioxidativen Abwehrsystems, Entzündungshemmung und – Achtung! – Gewichtsreduktion sorgen. Trinken Sie sechs Tassen täglich, am besten zwischen den Mahlzeiten, weil dann die Wirkung optimal ist.

Für die Freunde des Kaffeetrinkens gibt es auch gute Nachrichten: Kaffee enthält ebenfalls Antioxidantien, die das Immunsystem unterstützen. Kaffee verbessert Wachheit und Konzentration, zudem mindert er den altersbedingten Abbau der geistigen Fitness. Er verbessert das körperliche Leistungsvermögen beim Ausdauersport, weil die Blutgefäße erweitert und der Herzmuskel angeregt werden. Bitterstoffe regen den Darm und die Gallenblase zur Leerung an, die Leber wird geschützt. Doch Vorsicht: Empfindliche Mägen können auf die Säure reagieren, und es dauert bis zu sechs Stunden, bis das Koffein wieder abgebaut ist, sodass bei manchen Menschen als Begleiterscheinungen Unruhe, Nervosität und Schlafstörungen auftreten.

Finden Sie Ihren Weg

Nutzen Sie häufiger die antioxidative Wirkung von Lebensmitteln für Ihre Bestform. Es geht um die Zufuhr von Stoffen, die Entzündungen hemmen und die Alterungsprozesse der Zellen verlangsamen. Als Faustformel für das wirksamste Obst und Gemüse kann gelten, dass sie in den Sorten der Farben Rot, Blau, Schwarz und Violett vermehrt vorkommen. Auberginen, Trauben, Kirschen, Aronia, Heidelbeeren enthalten besonders viel Antioxidantien, aber auch getrocknete Pflaumen oder Granatäpfel haben hier einiges zu bieten.

Tanken Sie Licht. Schon 2000 Lux reichen, um die Ausschüttung der glücklich machenden Endorphinproduktion stärker zu stimulieren

als Psychopharmaka. 500 Lux haben wir in der Regel am Arbeitsplatz. Das ist zu wenig. Sie brauchen Sonne für die Produktion von Vitamin D, des Alleskönners im Gesundheitsschutz. Es soll auch eine besondere Rolle in der Krebsprävention spielen.

Apropos Krebs: Informieren Sie sich darüber, wie man heute vorbeugen kann. Auch hier gibt es viele widersprüchliche Informationen. Deshalb sollten Sie sich Ihren Standpunkt erarbeiten. Ich bin eine Anhängerin der Arbeit von Johannes Coy, der auf den Spuren des Nobelpreisträgers Otto Warburg forscht und bestätigt hat, wie gut und behandlungsresistent Krebszellen vom Zucker leben. Ich war erstaunt zu erfahren, dass nur bei uns Menschen (und den Tieren) mit westlicher Lebensweise (viel Stärke und Zucker in der Nahrung) Krebs als Todesursache vorkommt. Ansonsten treten zwar auch Tumore auf, aber man stirbt nicht daran.

Zu meinen Favoriten gehören weitere Werkzeuge wie das „Detox-Konzept" von Christian Matthai, mit dem wir – ohne fasten zu müssen – unseren Körper von innen reinigen können. Ich halte viel von der indischen Gesundheitslehre des Ayurveda, die ganzheitlicher für Gesundheit sorgt als unsere europäischen Konzepte. Ich glaube an Ginkgo für ein leistungsfähiges Gehirn und an Sojalecithin gegen Osteoporose und Wechseljahresbeschwerden.

Nun, da haben wir das Für und Wider unserer Zeit. Wir werden überschwemmt mit Informationen, was wir alles an Zusatzstoffen, Behandlungen oder Reinigungen brauchen. Einer rät zu Magnesium, der nächste zu Aloe Vera. Doch was hilft wirklich, was passt zu Ihnen, und was macht außerdem noch Spaß? Sie ahnen schon, worauf es wieder hinausläuft: Sorgen Sie gut für sich, bilden Sie sich eine eigene Meinung und setzen Sie Ihre individuellen Prioritäten!

Haben Sie heute schon an sich gedacht?

Wir sind eine Weile gemeinsam durchs Leben gegangen. Danke dafür! Nun kommt der Moment, ab dem Sie allein weitermachen. Erfreuen Sie sich an sich selbst, nutzen Sie Ihre Potenziale voll aus! Es geht darum, konsequent und Schrittchen für Schrittchen besser für sich zu sorgen.

Gönnen Sie sich den Luxus, nicht mehr gefallen zu wollen. Entweder Sie gefallen den anderen sowieso schon – Ihren Kollegen, Chefs, Partnern usw. –, oder alle Seiten tun nur so als ob, und dann wird sowieso eine Veränderung eintreten.

Definieren Sie, was Sie erreichen wollen. Und dann fangen Sie an, Erfahrungen zu sammeln, was zu Ihnen passt und was Ihnen guttut – und zwar so lange, bis Sie fündig geworden sind. Ja, das kann manchmal eine Weile dauern und kostet Zeit und Geld. Doch es geht um Sie, Ihr kostbarstes Gut – und je früher Sie darin investieren, um so weniger kostet es später.

Aktion

Kaufen Sie sich eine neue Sorte dunkle Schokolade und feiern Sie, dass Sie hier angekommen sind! Sollten Sie noch keine dunkle Schokolade mögen, suchen Sie so lange nach einer Ihnen wohlschmeckenden Sorte, bis Sie sie gefunden haben!

Zu erhalten, zu verbessern, vorzubauen bedeutet viel weniger Aufwand und macht mehr Spaß, als zu heilen und zu reparieren. Schrauben Sie Ihre Ansprüche an Ihr Wohlbefinden ruhig einmal hoch. Es darf Ihnen so gut gehen wie nur irgend möglich.
Seien Sie es sich wert, auf der „Schokoladenseite des Lebens" zu wandeln und es in vollen Zügen zu genießen.

Entscheiden Sie sich ganz bewusst für alles, was Sie tun oder lassen. Das Leben wird dann zum Genuss, wenn Sie regelmäßig daran naschen – legen Sie los!

Alles Gute für Sie
Ihre Ilona Bürgel

Das große Wohlfühlbarometer

Das kleine Wohlfühlbarometer war gut geeignet, um Ihr Wohlbefinden kurzfristig zu messen und eine schnelle Entwicklung und Verbesserung zu beobachten. Noch genauer und umfassender können Sie Ihr Wohlbefinden mit dem großen Barometer messen. Von nun an soll es Ihnen als Impulsgeber und Maßstab dienen. Entscheiden Sie sich zunächst, wie häufig Sie damit arbeiten: ein Mal im Monat oder ein Mal pro Woche? Vielleicht über einen Zeitraum von einem Monat täglich? In jedem Fall sollten Sie einen festen Termin dafür finden, etwa vor der Tagesschau oder im Bett vor dem Einschlafen. Auf diese Weise machen Sie eine Gewohnheit daraus, an sich zu denken.

Benutzen Sie das Wohlfühlbarometer, ...

... um zu objektivieren, wo Sie gerade stehen.
... um zu sehen, wie Sie in Sachen Wohlbefinden vorwärtskommen.
... um sich Anregungen zur Verbesserung Ihres Wohlbefindens für den/die Folgetag/-woche/-monat zu holen.

Führen Sie mithilfe des negativen und positiven Barometers jeweils eine Strichliste darüber, was Sie an für das Wohlbefinden Hinderlichem oder Förderlichem praktizieren.

Positiv

- Lösungsfokus
- Verzeihen
- Mut
- Perspektivwechsel
- Aufmerksamkeit
- An Erreichtem gefreut
- Etwas zu Ende gebracht
- Etwas anders gemacht
- Positive Rückmeldung bekommen/gegeben
- Etwas Gutes für mich getan
- Angst überwunden
- Gut über mich oder andere gesprochen
- „Ja" oder „Nein" gesagt, anstatt „Vielleicht"
- Schmetterlingsgefühle
- Gehirn entrümpelt
- Ziele formuliert
- Etwas für meine Ziele getan
- Tag geplant
- Mit Freude an Vergangenes erinnert
- Optimismus
- Auf das Wichtigste konzentriert
- Ruhe eingelegt
- Gedankenkarussell gestoppt
- Selbstdisziplin
- Das Schwierigste/Wichtigste zuerst
- Eine Minute für mich genommen
- Maximal drei Minuten geärgert
- Gelacht
- Dankbarkeit für eine Sache empfunden
- Dankbarkeit für eine zweite Sache empfunden
- Dankbarkeit für eine dritte Sache empfunden
- Regelmäßig gegessen
- Konzentriert gegessen
- Frisches gegessen
- Wasser, Tee getrunken
- Bewegung gehabt
- Gut geschlafen
- Ausreichend geschlafen
- Pausen gemacht
- Meditation/Autogenes Training …
- Freundschaft gepflegt
- Liebe gepflegt
- Gesungen, getanzt, Musik gemacht oder gehört
- Kurzschlaf
- Massage, Wellness
- Zärtlichkeit bekommen/geschenkt
- Buch gelesen
- Genuss verspürt
- Dunkle Schokolade
- Licht getankt
- Eigenes, und zwar: ....
....

Summe: ....

NEGATIV

- Überforderung
- Vergleiche
- Wünsche verschoben
- Perfektionismus
- Pessimismus
- Negatives Gedankenkreisen
- Zweifel
- Grübeln
- Faule Kompromisse
- Versagensangst gespürt
- Was denken die anderen
- Sich als nicht gut genug empfunden
- Sich verausgabt
- Keine Pausen gemacht
- Schlechtes Gewissen
- Spekuliert
- Interpretiert
- Schlecht über mich oder andere gesprochen
- Länger als drei Minuten geärgert
- Problemfokus
- Stressabbau mit Einkaufen, Computer, Sexwebsites …
- Überheblichkeit
- Bequemlichkeit
- Zeitverschwendung
- Fehlende Prioritäten
- Hetzen
- Zeitdruck
- Mehreres gleichzeitig getan
- Gefallen wollen
- Selbstmitleid
- Laut geworden
- Beleidigt gewesen
- Nicht verziehen
- Oberflächlichkeit
- Unzuverlässigkeit
- Unkonzentriert gewesen
- Unordnung walten lassen
- „Sollte" und „müsste"
- Übereilte Entscheidungen getroffen
- Zu wenig geschlafen
- Vor dem Fernseher eingeschlafen
- Keine frische Luft getankt
- Zu schnell Auto gefahren
- Unregelmäßig gegessen
- Fastfood vertilgt
- Zu viel Kaffee/Alkohol getrunken
- Heißhunger
- Essen heruntergeschlungen
- Frustessen veranstaltet
- Eigenes, und zwar:

....

....

Summme: ....

Positiv

Auswertung

Addieren Sie Ihre „Stimmt"-Striche getrennt für das negative und das positive Barometer.
Ziehen Sie dann die negative Zahl von der positiven Zahl ab, und Sie erhalten Ihren Tages-, Wochen- oder Monatswert.

Negativer Gesamtwert (unter-10):	**Um 0 (-10 bis +10):**	**Positiver Gesamtwert ab 10:**
Höchste Eisenbahn, etwas zu unternehmen. Falls Sie sich nicht besonders wohlfühlen – kein Wunder! Denn Sie sabotieren sich selbst und haben in Ihrem Leben gerade viel mehr Faktoren, die Ihr Wohlbefinden hemmen als solche, die es fördern. Sie sollten eine Entscheidung treffen, besser für sich zu sorgen. Wann, wenn nicht jetzt? Das positive Barometer liefert Ihnen Ideen, womit Sie anfangen können.	Ihre Wohlbefindens-Waage befindet sich etwa in der Balance. Kann es sein, dass Sie schon bewusst gegensteuern, auch wenn Sie ein anspruchsvolles Leben haben? Das bringt Erfolge, also bleiben Sie dran! Es ist trotzdem noch viel Spielraum zur Steigerung Ihres Wohlbefindens vorhanden. Sie dürfen ruhig noch mehr Gutes erwarten und – tun!	Großartig, je höher Ihr Wert ist, umso besser sorgen Sie für sich, und so werden Sie sich auch fühlen. Sie genießen das Leben immer mehr, und das bleibt auch nicht ohne Wirkung auf andere Menschen. Schrauben Sie Ihre Ansprüche an Ihr Leben ruhig weiter hinauf. Sie investieren in sich, und davon werden Sie immer profitieren!

Positiv: ________ **–** **Negativ:** ________ **=** ________

NEGATIV

5. Das 8-Wochen-

Ist es nicht großartig, sich endlich Zeit für sich zu nehmen? Sie sind nun schon ein ganzes Stück weitergekommen. Mit den Wohlfühlbarometern konnten Sie Ihre Erfolge messen und Ihre Entwicklung beobachten. Seien Sie stolz auf sich!

Wir alle wissen allerdings auch, dass sich neue Gewohnheiten erst fest und nachhaltig durchsetzen, wenn wir sie über einen längeren Zeitraum immer wieder üben. Deshalb will ich mich nicht verabschieden, ohne mit Ihnen gemeinsam Ihren Weg für ein langfristiges Wohlbefinden zu ebnen.

Sie bekommen hier ein 8-Wochen-Tagebuch an die Hand, mit dessen Hilfe Sie die verschiedenen Übungen, Anregungen und Ideen, die Sie bereits kennengelernt haben, etablieren können. Arbeiten Sie dafür vor allem auch weiter mit dem großen Wohlfühlbarometer (siehe Seite 162–165), um Ihre persönlichen Fortschritte zu messen, sich von Ideen inspirieren zu lassen und sich daran zu erinnern, was Ihr Wohlbefinden fördert oder verhindert. So behalten Sie das Ganze im Blick und konzentrieren sich trotzdem Woche für Woche auf einen anderen Schwerpunkt. Übertragen Sie die Wochenthemen zum Wochenanfang und zur Einstimmung am besten auch in Ihren ganz normalen Kalender. Als „Sahnehäubchen" könnten Sie am Ende der Woche auch ein Treffen, Gespräch oder Telefonat mit jemandem vereinbaren, dem Sie von Ihren Erlebnissen berichten.

Wie wollen Sie diesen besonderen Zeitraum von acht Wochen Ihres Lebens, in denen es ganz besonders um Sie geht, nennen?

....

Tagebuch

>>> Lassen Sie uns folgende Grundsätze vereinbaren:

1. Ich nehme mich wichtig. Ich bin es.

2. Ich bin die Chefin meines Lebens.

3. Ich erwarte das Beste.

4. Ich überlege täglich eine Minute lang, was ich dafür tun kann, dass es mir gut geht.

Und nun starten wir. >>>

Woche 1

„Ich bin einfach, kompliziert, selbstlos, egoistisch, unattraktiv, schön, faul und voller Tatendrang."
Barbra Streisand

Schauen Sie noch einmal nach, welche Dinge gesunden Egoismus für Sie ausmachen (siehe Seite 31) und wählen Sie jeweils eines davon als Tagesmotto für Ihre erste Wohlfühlwoche. Versuchen Sie, sich einmal nicht für alles und jeden verantwortlich zu fühlen und schicken Sie Ihr schlechtes Gewissen in den Urlaub. Ziehen Sie abends Bilanz.

Tagesmotto 1: ....

....

....

....

So war's: ....

....

....

Tagesmotto 2: ....

....

....

....

So war's: ....

....

....

Tagesmotto 3: ....

....

....

....

So war's: ....

....

....

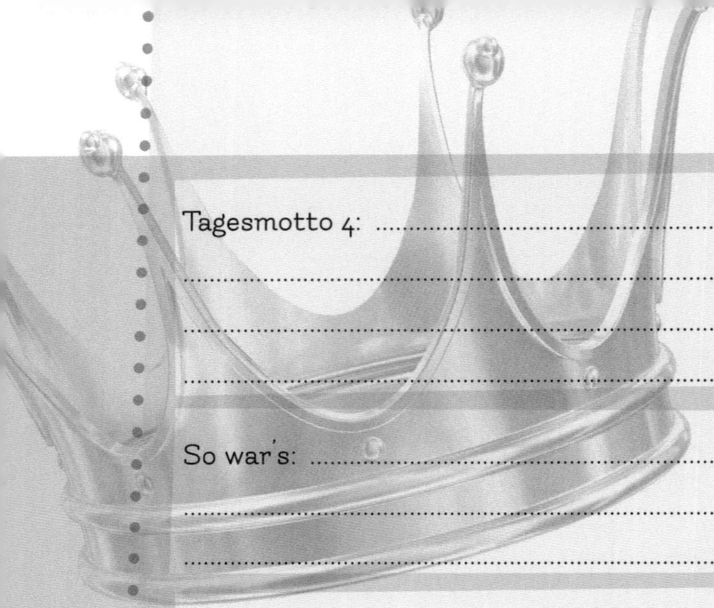

Tagesmotto 4: ....

....

....

....

So war's: ....

....

....

Tagesmotto 5: ....

....

....

....

So war's: ....

....

....

Tagesmotto 6: ....

....

....

....

So war's: ....

....

....

Tagesmotto 7: ....

....

....

....

So war's: ....

....

....

und sonst so: ....

....

....

....

Wie wohl fühle ich mich
am Anfang der Woche
auf einer Skala von 1 (kaum)
bis 10 (Spitze)?

....

Wie wohl fühle ich mich
am Ende der Woche
auf einer Skala von 1 (kaum)
bis 10 (Spitze)?

....

Woche 2

„Die meisten Menschen sind so glücklich, wie sie selbst es sich vorgenommen haben."
Abraham Lincoln

Wählen Sie eine der Grundlagen für Wohlbefinden (Geselligkeit, Gewissenhaftigkeit, Selbstwert, Optimismus, Mut …, siehe Seite 45) als Wochenmotto. Bereiten Sie sich genau darauf vor, wie Sie es umsetzen wollen. Am besten notieren Sie einige Ideen und haken ab, was Sie verwirklichen konnten.

Mein Wochenmotto: ....

....

....

....

....

....

....

....

....

....

Wie kann ich es konkret umsetzen? ....

....

....

....

....

....

....

....

....

....

....

....

....

....

Von wem hole ich mir Unterstützung, wenn es hakt? ....
....
....
....

Was hilft mir, mich diese Woche immer wieder
daran zu erinnern? ....
....
....
....
....
....
....
....
....

Weitere Ideen: ....
....
....
....
....
....

Meine Bilanz am Ende der Woche:

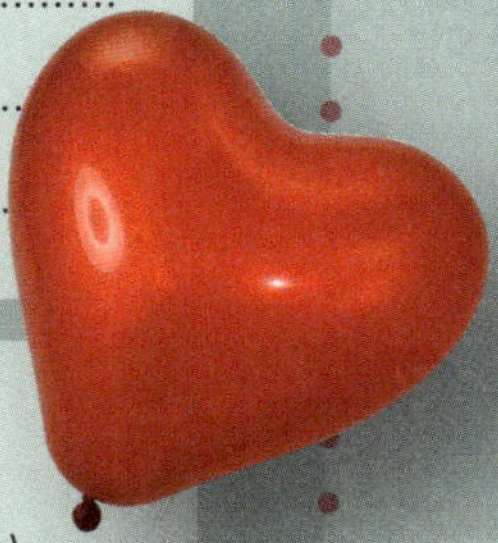

Wie wohl fühle ich mich am Anfang der Woche auf einer Skala von 1 (kaum) bis 10 (Spitze)?

Wie wohl fühle ich mich am Ende der Woche auf einer Skala von 1 (kaum) bis 10 (Spitze)?

Woche 3

„Wenn Sie immer das tun, was Sie immer schon getan haben, werden Sie immer das bekommen, was Sie schon immer bekommen haben. Wenn das, was Sie tun, nicht wirkt, dann tun Sie etwas anderes."

Paul Watzlawick (zugeschrieben)

Was steht auf Ihrer Hitliste der Selbstsaboteure ganz oben (siehe Seite 51)? Sagen Sie diesem Kraftfresser eine Woche lang den Kampf an und setzen Sie ihm Ihr Wohlwollen gegenüber sich selbst entgegen. Schreiben Sie am Ende der Woche hier auf, wie es Ihnen ergangen ist. Wo waren Sie erfolgreich, wo fiel Ihnen die Umsetzung schwer?

Diesen Selbstsaboteur möchte ich loswerden: ....
....
....
....
....
....
....

Stattdessen kann ich ausprobieren: ....
....
....
....
....
....
....
....
....
....
....
....
....
....

Schnelle Formel:

Wenn (das alte Verhalten x kommt) ....

....

....

....

dann (tue ich stattdessen y) ....

....

....

....

....

Das hat gut geklappt: ....

....

....

....

....

....

....

....

....

....

Hier will ich noch üben: ....

....

....

....

....

....

....

....

....

....

....

....

....

....

....

....

Wie wohl fühle ich mich
am Anfang der Woche
auf einer Skala von 1 (kaum)
bis 10 (Spitze)?

....

Wie wohl fühle ich mich
am Ende der Woche
auf einer Skala von 1 (kaum)
bis 10 (Spitze)?

....

Woche 4

„Jetzt sind die guten alten Zeiten, nach denen wir uns in zehn Jahren zurücksehnen."
Peter Ustinov

Legen Sie eine „Dankbarkeits-Woche" ein. Notieren Sie jeden Abend drei Dinge, für die Sie an dem jeweiligen Tag dankbar sind und ein Stichwort zur Begründung. Das können auch Kleinigkeiten sein, so etwa ein leckeres, gesundes Mittagessen an einem anstrengenden Arbeitstag, oder der Schirm in Ihrer Tasche, der Sie trocken durch den plötzlichen Regenguss gebracht hat.

Tag 1

1 ....

Begründung: ....

2 ....

Begründung: ....

3 ....

Begründung: ....

Tag 2

1 ....

Begründung: ....

2 ....

Begründung: ....

3 ....

Begründung: ....

Tag 3

1 ....

Begründung: ....

2 ....

Begründung: ....

3 ....

Begründung: ....

Tag 4

1 ....

Begründung: ....

2 ....

Begründung: ....

3 ....

Begründung: ....

Tag 5

1 ....

Begründung: ....

2 ....

Begründung: ....

3 ....

Begründung: ....

Tag 6

1 ....

Begründung: ....

2 ....

Begründung: ....

3 ....

Begründung: ....

Tag 7

1. ....

Begründung: ....

2. ....

Begründung: ....

3. ....

Begründung: ....

Wie wohl fühle ich mich am Anfang der Woche auf einer Skala von 1 (kaum) bis 10 (Spitze)?

....

Wie wohl fühle ich mich am Ende der Woche auf einer Skala von 1 (kaum) bis 10 (Spitze)?

....

Woche 5

„Die meisten Menschen jagen so sehr dem Genuss nach, dass sie an ihm vorbeilaufen."
Søren Kierkegaard

Was waren Ihre sieben schnellen Lieblingstipps für maximales Wohlbefinden? (siehe Seite 111). Testen Sie jeden Tag jeweils eine Idee:

Tag 1: ……………………………………………

So war's: ……………………………………………

Tag 2: ……………………………………………

So war's: ……………………………………………

Tag 3: ……………………………………………

So war's ……………………………………………

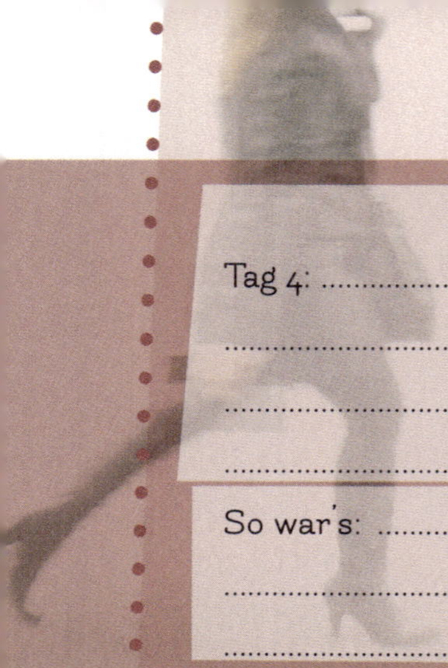

Tag 4: ....

....

....

....

So war's: ....

....

....

Tag 5: ....

....

....

....

So war's: ....

....

....

Tag 6: ....

....

....

....

So war's: ....

....

....

Tag 7: ....

....

....

....

So war's: ....

....

....

Wie wohl fühle ich mich
am Anfang der Woche
auf einer Skala von 1 (kaum)
bis 10 (Spitze)?

....

Wie wohl fühle ich mich
am Ende der Woche
auf einer Skala von 1 (kaum)
bis 10 (Spitze)?

....

Welche Idee ist die Gewinnerin in Sachen Wohlbefinden? ...

....

....

Was integriere ich regelmäßig in meinen Alltag? ....

....

....

Woche 6

„Es gibt Wichtigeres im Leben, als beständig dessen Geschwindigkeit zu erhöhen."
Mahatma Gandhi

Welche Methode zum Abschalten erscheint Ihnen persönlich den größten Erfolg zu versprechen (siehe Seite 154)? Testen Sie diese eine Woche lang täglich. Verabreden Sie sich dazu mit sich selbst, damit Sie es auch tun! Programmieren Sie sich dafür vielleicht eine Erinnerung in Ihrem Handy oder tragen Sie die Verabredung in Ihren Kalender ein.

Meine Methode zum Abschalten wird sein: ....

....

....

....

....

....

....

....

Dafür benötige ich: ....

....

....

....

....

....

....

....

....

....

....

....

Ich nehme mir täglich .... Minuten Zeit dafür.

Was ist mir leichtgefallen?

Was ist mir schwergefallen? ....

....

....

....

....

....

....

....

....

....

....

....

....

....

....

....

....

Wie wohl fühle ich mich
am Anfang der Woche
auf einer Skala von 1 (kaum)
bis 10 (Spitze)?

....

Wie wohl fühle ich mich
am Ende der Woche
auf einer Skala von 1 (kaum)
bis 10 (Spitze)?

....

Woche 7

„Unser Kopf ist rund, damit die Gedanken die Richtung ändern können."
Francis Picabia

Nur wenn Sie körperlich gut drauf sind, können Sie auch geistig gut drauf sein. Gerade hier kennen wir unsere schlechten Angewohnheiten und Ausreden nur gar zu gut. In dieser Woche geht es deshalb um den physischen Weg zum Wohlbefinden. Womit wollen Sie sich befassen? Mit Ernährung, Bewegung, Rauchen, Fernsehen oder Schlaf?

Mein Wohlfühlthema: ....

....

....

....

....

....

....

....

....

....

Meine alten Angewohnheiten: ....

....

....

....

....

....

....

....

....

....

....

....

....

Meine neuen Möglichkeiten: ....

....

....

....

....

....

....

....

....

....

....

Was nehme ich mir ganz konkret für jeden Tag vor? ....

....

....

....

....

....

....

....

....

....

....

Wie ist es gelaufen? ....

....

....

....

....

....

....

....

....

....

....

Ich behalte bei: ....

....

....

....

....

....

Wie wohl fühle ich mich
am Anfang der Woche
auf einer Skala von 1 (kaum)
bis 10 (Spitze)?

....

Wie wohl fühle ich mich
am Ende der Woche
auf einer Skala von 1 (kaum)
bis 10 (Spitze)?

....

Woche 8

„Die reinste Form des Wahnsinns ist es, alles beim Alten zu lassen und trotzdem zu hoffen, dass sich etwas ändern wird."
Albert Einstein

Erinnern Sie sich noch einmal an Ihr wichtigstes Ziel (siehe Seite 72) und setzen Sie wirklich um, was Sie sich überlegt haben.

Mein Ziel: ....

....

....

....

Bis wann möchte ich dieses Ziel erreichen? ....

....

Warum habe ich verdient, es zu erreichen? ....

....

....

....

....

....

....

Was haben andere davon, wenn ich es erreiche? ....

....

....

....

....

....

....

Welche sieben Schritte unternehme ich diese Woche für die Umsetzung?

1. ....
....

2. ....
....

3. ....
....

4. ....
....

5. ....
....

6. ....
....

7. ....
....

Womit fange ich an (Stichwort: „Der erste Schritt")? ....

....

....

....

....

....

....

....

Fazit am Wochenende: Was habe ich erreicht?

Wo stehe ich jetzt? ....

....

....

....

....

....

....

Wie wohl fühle ich mich
am Anfang der Woche
auf einer Skala von 1 (kaum)
bis 10 (Spitze)?

....

Wie wohl fühle ich mich
am Ende der Woche
auf einer Skala von 1 (kaum)
bis 10 (Spitze)?

....

Nach acht Wochen ist natürlich noch nicht Schluss, vielmehr geht es jetzt für Sie allein weiter. Fragen Sie sich an dieser Stelle doch noch einmal:

Wie würden Sie einem Journalisten heute beschreiben, was Sie ausmacht? ....

....

....

....

....

....

....

Was würden gute Freunde/Ihre Liebsten heute über Sie sagen? ....

....

....

....

....

....

....

....

Was schätzen Sie gerade am meisten in Ihrem Leben? ....

....

....

....

....

....

....

Was war ein großer Erfolg in den letzten acht Wochen? ......

....

....

....

....

....

....

Was werden Sie alles in jedem Fall beibehalten? ....

....

....

....

....

....

....

Glossar

Anandamid: mehrfach ungesättigte Fettsäure, die vom Körper selbst gebildet wird und in Cannabis und Kakao vorkommt

Antioxidantien: vermindern die Oxidation und damit Alterungsprozesse in den Körperzellen

Ayurveda: „Wissen vom Leben", überlieferte indische Medizin/Heilkunst, rund 5000 Jahre alt

Cholesterin: Biomolekül, das vom Körper vorwiegend selbst erzeugt wird und als Risikofaktor für Herz-Kreislauf-Erkrankungen gilt

Cortisol: ein durch Stress erzeugtes Hormon, das in Immunsystem und Stoffwechsel eingreift

Detox: Entgiftung, in der Alternativmedizin ist meist die Beseitigung von im Körper durch falsche Ernährung angesammelten Giften gemeint

Dopamin: neurologischer Botenstoff, wird im Allgemeinen als Glückshormon bezeichnet

Endorphin: körpereigenes Morphium, das Schmerzen reduziert und zu Wohlbefinden führt

Flavonoide: sekundäre Pflanzenfaserstoffe, die das Immunsystem unterstützen

Ghrelin: Hormon, das Hunger und Sättigung steuert

Ginkgo: ursprünglich aus China stammende Baumart; die Extrakte der Blätter werden als Nahrungsergänzung oder in Medikamenten gegen Demenz, Konzentrations- oder Durchblutungsstörungen eingesetzt

HGH (Human Growth Hormon): menschliches Wachstumshormon, das u. a. für die Zellerneuerung und Fettverbrennung zuständig ist

Insulin: von der Bauchspeicheldrüse gebildetes Hormon, das die Fettspeicherung fördert und die Fettverbrennung hemmt

Katechine: Zwischenstufe der Flavonoide, Baustein natürlicher Gerbstoffe, z. B. von Kakao und Tee

Koffein: anregend wirkendes Genussmittel, kommt insbesondere in Kaffee, Tee und Kakao vor

Lux: Einheit der Beleuchtungsstärke

Mantra: „Spruch", „Lied", Worte oder Wortfolgen, die – laut ausgesprochen oder in Gedanken – wie eine Formel zum Meditieren oder Heilen benutzt werden, etwa im Hinduismus und im Buddhismus

Ölsäure: einfach ungesättigte Fettsäure, die z. B. im Kakao vorkommt

Orbitofrontaler Cortex: an der Stirnseite liegender Teil der Großhirnrinde

Phenethylamin: Lust- und Glückssubstanz, die sowohl im Gehirn als auch in Nahrungsmitteln, z. B. in Kakao, nachgewiesen werden kann

Polyphenole: gehören zu den sekundären Pflanzenfaserstoffen, die die Arbeit des Immunsystems unterstützen

Resilienz: Widerstandsfähigkeit bzw. das Vermögen, Krisen und Belastungssituationen durch den sinnvollen Einsatz eigener Ressourcen zu meistern und dadurch gesund zu bleiben

Serotonin: Botenstoff (Neurotransmitter) und Hormon, das z. B. Spannung und Entspannung reguliert

Sojalecithin: wird aus der Sojabohne gewonnen und beeinflusst u. a. den Fettstoffwechsel

Theobromin: ähnlich anregend wie Koffein, kommt in Kakao und Tee vor

Triglyceride: Fettsäuren, die im Blut gemessen werden und als Risikofaktor für Herz-Kreislauf-Erkrankungen gelten

Hinweis
Die Ratschläge/Informationen in diesem Buch sind von Autorin und Verlag sorgfältig erwogen und geprüft, dennoch kann eine Garantie nicht übernommen werden. Eine Haftung der Autorin bzw. des Verlags und seiner Beauftragten für Personen-, Sach- und Vermögensschäden ist ausgeschlossen.

Konzept myBooks
Diese Buchreihe wurde konzipiert von Südwest Verlag und Marion Grillparzer

Projektleitung
Dr. Harald Kämmerer, Sarah Schultheis

Grundlayout
* zeichenpool

Gesamtproducing, Einzelseitengestaltung
Christian Martin Weiß, München

Redaktion
Sarah Schultheis, Claudia Fritzsche

Covergestaltung
* zeichenpool unter Verwendung von Bildern von Zeichenpool/Archiv und Shutterstock (Lavandaart)

Bildnachweis
Alle Abbildungen stammen von Christian Martin Weiss, mit Ausnahme von: Ilona Bürgel: 13, 44, 161; Fotolia: 18 (Fotolial), 27 (Karramba Production), 54 (Guido Vrola), 55 (Martina Osmy), 57 (picsfive), 58 u. (karandaev), 73, 146 (Sergej Khackimullin), 76 (Sashkin), 78 (U. Hardberck), 102 (Jan Schumann), 106 (miket), 125 (Christian Jung), 131 (Felix Vogel), 135 (Picture-Factory), 149 (S_E), 152/153 (Stefan Körber), 156 (Marco Mayer), 160 (Rozmarina), 171 (picsfive), 172 (moonrun), 180 li. (conel), 183 (Anton Maltsev); gettyimages, München: 192 (Cultura /Emely); Moritz Schmid, Berlin: 10;

Lithografie
JournalMedia, München

Bildredaktion
Christian Martin Weiss, Tanja Nerger

Druck und Bindung
G. Canale & C. S.p.A.
Printed in Italy

MIX
Papier aus verantwortungsvollen Quellen
FSC® C015529

ISBN 978-3-517-08830-3
9817 2635 4453 6271

Zum Weiterlesen und Ausprobieren

Anderson, Tracy: *Mein 30-Tage-Programm, Die Powerformel für den perfekten Körper.* Riva Verlag, München 2011

Ash, Mary Kay: *Wunder geschehen.* Mary Kay Cosmetics GmbH, München 2008

Ferriss, Timothy: *Die 4-Stunden-Woche, Mehr Zeit, mehr Geld, mehr Leben.* Ullstein Verlag, Berlin 2011

Fredrickson, Barbara L.: *Die Macht der guten Gefühle, Wie eine positive Haltung Ihr Leben dauerhaft verändert.* Campus Verlag, Frankfurt/New York 2011

Froböse, Ingo: *Das Anti-Jojo-Prinzip, Einmal abnehmen für immer.* Gräfe und Unzer Verlag, München 2011, 2. Auflage

Haanel, Charles und Liebl, Elisabeth: *The Master Key System, Der Universalschlüssel zu einem erfolgreichen Leben.* Arkana Verlag, München 2008, 5. Auflage

Hüther, Gerald: *Was wir sind und was wir sein könnten. Ein neurobiologischer Mutmacher.* S. Fischer Verlag, Frankfurt 2011

Kinslow, Frank: *Quantenheilung im Alltag 1, Übungen für Gesundheit, Freizeit und Beruf.* CD, VAK Verlags GmbH, Kirchzarten 2010

Khema, Ayya: *Dem eigenen Herzen begegnen.* CD, Jhana Verlag, Oy-Mittelberg 2004

Matthai, Christian: *Detox your Life – Wie Sie Ihren Körper beim Entgiften unterstützen und sich von Belastungen befreien. Mit Rezepten und Ihrem Detox-Wochenplan.* Kneipp Verlag, Wien 2010

Martina Roy: *The Missing Link. So wenden Sie „The Secret" richtig an.* Koha Verlag, Burgrain 2009

Hermann Scherer: *Glückskinder, Warum manche lebenslang Chancen suchen – und andere sie täglich nutzen.* Campus Verlag, Frankfurt/ New York 2011

Seligman, Martin: *Flourish – Wie Menschen aufblühen, Die Positive Psychologie des gelingenden Lebens.* Kösel Verlag, München 2012

Barbara Sher: *Wishcraft, Lebensträume und Berufsziele entdecken und verwirklichen.* Edition Schwarzer, Osnabrück 2005, 3. Auflage

Johnson, Spencer: *Eine Minute für mich.* Rowohlt Verlag, Reinbek 2002, 12. Auflage

Andreas Winter: *Abnehmen ist leichter als Zunehmen.* Mankau Verlag, Murnau 2007, 3. Auflage

Eine ausführliche Literaturliste finden Sie im Internet unter: www.magmich.com